하늘의 나라
신화의 나라

하늘의 나라 신화의 나라

단군, 혁거세, 주몽 등 고대 국가 시조들은
왜 하늘의 아들일까

이기봉

덕주

| 책을 열며 |

우리 문명의 풍부한 고대 신화 속으로

'우리 민족은 단군의 자손이다.'

우리나라 사람 개개인에게 이 말을 어떻게 생각하는지 묻는다면 믿음의 강도는 아주 강한 것부터 아주 약한 것까지 다양하겠지만 부정보다는 긍정의 비중이 더 높을 것 같다. 특히 '우리는 민족중흥의 역사적 사명을 띠고 이 땅에 태어났다'라는 문구로 시작되는 국민교육헌장을 외우면서 자랐던 기성세대에게 민족이란 용어는 개인은 물론이고 국가보다도 더 중요한 개념이었기에 긍정의 비중은 전체 평균보다도 훨씬 더 높게 나오지 않을까 싶다.

단군 신화에서 단군은 하늘의 임금 환인의 아들 환웅이 지상 세계의 딸 웅녀와 결합하여 낳은 하늘의 자손이다. 따라서 '우리 민족은 단군의 자손이다'라는 집단 이념은 우리 민족이 하늘의 선택을 받은 민족이라는 선민사상(選民思想)에 다르지 않다.

세계에서 가장 가난한 나라 중 하나였던 시절, 우리는 어떻게든 똘똘 뭉쳐서 잘살아보겠다고 혼신의 노력을 기울이지 않으면 안 되었다. 그때 '우리 민족은 단군의 자손이다'와 같은 선민사상의 집단 이념은 옳고 그름의 여부에 상관없이 대한민국 국민 전체를 하나로 뭉

치게 만드는 힘을 갖고 있었다. 하지만 그 과정에서 우리가 잃은 것도 많았다.

하늘의 선택을 받은 민족 또는 국가라는 선민사상은 근대 이전 전통 문명 시대에서는 일반적으로 나타나는 보편적인 현상이었다. 지금까지 내가 아는 한 전통 문명 시대의 국가 중 건국 시조와 그의 혈통을 이어받은 통치자들의 정통성을 합리화시키기 위해 하늘로부터 선택받은 하늘의 나라라는 신화를 만들어내지 않은 나라는 거의 없었다. 다만 하늘로부터 선택받았다는 신화의 형식과 구조가 다양할 뿐이었다.

때로는 하늘의 자손임을 직접적으로 보여주기도 하고, 원래는 평범한 사람이었지만 하늘의 뜻[天命]을 누구보다 잘 파악하여 하늘의 신성함을 계승했다고 묘사하기도 하며, 국가와 시대를 초월하는 종교가 존재할 경우 하늘과 교감하는 최고 종교 지도자의 승인이라는 형식을 통해 인정받기도 했다.

우리나라의 고대 문명에도 많은 국가가 존재했다. 최초의 국가로 알려진 고조선이 있었고, 고조선이 한나라에 멸망당한 후 만주와 한반도에는 부여 · 고구려 · 동예 · 옥저와 마한 54국, 진한 12국, 변한 12국 등 많은 나라가 등장했다. 이후 정복과 통합 과정을 거쳐 부여 · 신라 · 고구려 · 백제 · 가야 등으로 정리되었고, 500년대 후반에 이르면 최종적으로는 신라 · 백제 · 고구려 세 나라의 삼국 시대가 되었다.

나의 생각으로는 고대 만주와 한반도에 존재했던 거의 모든 나라가 자신들의 나라가 하늘의 나라라는 건국 신화를 만들어 믿고 있었을 것이다. 만약 그렇지 않았다면 건국 시조와 그 혈통의 임금들에게 정통성이 결여되어 언제든 큰 혼란에 빠졌을 것이다. 다만 다른 나라에 정복되거나 흡수 통합되면서 망한 나라의 건국 신화 대부분이 역사의 깊은 바닷속에 잠기어 사라졌을 뿐이다.

그렇더라도 우리나라 고대 문명의 국가 중 건국 신화 또는 그에 준하는 신화를 현재까지 전해주고 있는 나라는 적지 않다. 가장 멀리 고조선의 단군 신화가 있다. 신라에는 건국 시조인 혁거세뿐만 아니라 석씨와 김씨 임금의 시조인 탈해와 알지, 임금이 되지는 못했지만 신라 건국의 모태가 되었던 육두품 시조 등 무려 네 개의 신화가 전해진다. 신라에 자진 항복해온 금관가야도 자신의 건국 신화를 현재까지 전해주고 있고, 부여와 그로부터 갈라져나온 고구려 · 백제의 건국 신화도 우리는 만날 수 있다.

우리나라 고대 국가의 신화들은 모두 자신의 나라가 하늘의 나라이며, 자신의 시조가 하늘의 자손이라는 문명사적 보편성을 담고 있다. 그러면서도 상황에 따라 다양한 구조의 이야기를 만들어내는 풍부함도 보여주고 있다. 우리는 지금 너무나 잘 알고 있다. 죽었다 깨어나도 건국 시조든 어떤 성씨 임금 계통의 시조든 사람 아버지와 사람 어머니 사이에서 태어난 사람의 아들이다. 그런데 신화는 사람의 나라가 아니라 하늘의 나라임을 보여줘야 한다. 이를 어떻게 보여줄 수 있을까. 우리나라 고대 국가의 신화는 사람의 아들이 하늘의 아들로 둔갑하는 다양한 모습을 보여주고 있다.

우리나라 사람들은 '신화'라고 하면 대부분 어렸을 때부터 너무나 많이 들어왔던 그리스와 로마 신화, 그중에서도 그리스 신화를 떠올리는 경향이 있다. 그렇게 배웠으니 어쩔 수 없는 것임을 인정한다. 또한 내가 그리스 신화를 꼼꼼하게 읽지는 않았지만 지금까지 주워

듣거나 본 것만으로도 그리스 신화가 인간 세상의 천태만상 다수를 담아낼 수 있을 정도로 다양하고 풍부하다는 점을 부정하기는 어려울 것 같다. 하지만 단 하나만은 이야기하고 싶다.

그리스 문명은 지금의 그리스와 터키 서부 해안 지역을 중심으로 발달하기 시작하여 폴리스라 불리는 수많은 도시 국가의 형태로 지중해와 흑해 연안 전 지역으로 확장되었다. 그런데 기원전 338년 알렉산더 대왕(재위: 기원전 336~323)의 아버지 필리포스 2세가 지금의 그리스 전 지역을 통일하기까지 그리스 문명권에는 강력한 통일 국가가 등장한 적이 없었고, 이것이 바로 그리스 신화가 다양하고 풍부한 내용을 담아 지금까지 전해질 수 있었던 이유다.

만약 그리스 문명권에서 강력한 통일 국가가 등장하여 꽤 오랫동안 번영했다면 수많은 도시 국가가 갖고 있던 신화, 그리고 그들 사이의 상호 작용 과정에서 만들어진 신화가 계속 전해지긴 어려웠을 것이다. 강력한 통일 국가가 이를 용납하지 않았을 것이기 때문이다. 강력한 통일 국가가 등장했다면 자국의 정당성을 뒷받침하는 오직 하나의 신화만을 남겨놓은 채 흡수당한 모든 도시 국가의 신화를 역사의 깊은 심연 속으로 밀어 넣었을 것이다. 기원전 338년 그리스 전 지역을 통일했던 마케도니아 왕국조차도 알렉산더 대왕의 페르시아 정복을 끝으로 큰 힘을 발휘하지 못하고 단명했다.

내가 굳이 그리스 신화에 대해 이야기하는 이유는 우리나라 사람들이 건국 신화를 이야기할 때 그리스 신화를 중심으로 보면서 너무 주눅 들지 않았으면 하는 바람이 있어서다.

만주와 한반도를 중심으로 한 우리나라의 고대 역사는 그리스 문명권처럼 수많은 도시 국가가 형성되어 번영하다가 고구려-백제-신라라는 강력한 중앙 집권적 통일 국가의 삼국 시대로 귀결되었다. 또한 세 나라는 300년 이상 치열하게 치고받으며 경쟁하다가 발해와 통일신라라는 강력한 중앙 집권적 통일 국가의 이국 시대로 정립되었다. 이런 구도 속에서 다양하고 풍부한 그리스 신화와 같은 것은 살아남기가 정말 어렵다. 대신 강력한 중앙 집권 국가답게 자신들의 나라가 하늘의 나라이며, 자신들의 시조가 하늘의 자손이라는 문명사적 보편성을 강하게 담고 있는, 비슷하면서도 서로 다른 여러 개의 건국 신화를 우리에게 남겨주었다.

2019년 우리나라의 1인당 국민소득은 33,346달러로 세계 26위이고, 경제 규모는 1조 7,208억 달러로 세계 10위다. 이제 선진국을 따라가는 것이 아니라 당당히 경쟁하는 단계에 들어섰고, 그 경쟁에서 살아남거나 이기기 위해서는 단지 선진국의 것을 배우는 게 아니라 새로운 것을 창조해내야 하는 운명을 갖게 되었다. 그리고 그 창조의 소재는 과거의 역사에도 있다.

세계에서 가장 가난한 나라 중 하나였던 상황에서 어떻게든 선진국을 따라잡고자 똘똘 뭉치는 데 필요했던 '우리 민족은 단군의 자손이다'와 같은 선민사상의 집단 이념은 이제 버릴 때가 되었다. 단군신화는 우리나라 고대 문명 속에 존재했던 여러 신화 중의 하나로 자리매김할 필요가 있고, 그렇게 된다면 우리나라 고대 문명의 신화들이 갖고 있는 문명사적 보편성과 다양함이 우리에게 새롭게 다가올 것이다. 그리고 그것은 우리가 역사를 보는 안목을 넓혀줄 수 있으며, 풍부한 역사적 상상력과 창조적 인문 지식의 새로운 원동력이 될 것이다.

혁거세 신화의 현장 나정을 보면서 꿈이 하나 생겼다. 우리나라 고대의 많은 건국 신화를 비롯하여 세계의 주요 문명과 신화를 보여주는 '신화 박물관' 하나가 나정 근처에 근사하게 만들어져 많은 사람들이 찾는 명소가 되었으면 좋겠다. 이루어질 가능성이 높다고 생각지는 않는다. 이루어지지 않아도 좋은 것이 꿈이니까 꿈이라도 많이 꾸어보고 싶다.

2021년 6월

국립중앙도서관 고문헌과 사무실에서

아끔말 이기봉이 쓰다

| 목차 |

| 책을 열며 | 우리 문명의 풍부한 고대 신화 속으로 4

1. 전통 문명 시대, 하늘 숭배 사상의 보편성 15

2. 혁거세, 하늘의 나라 신라를 건국하다 35

3. 탈해, 신라에 하늘의 아들이 또 내려오다 57

4. 알지, 신라에 하늘의 아들이 세 번째로 내려오다 81

5. 신라 육두품의 시조도 하늘에서 내려왔다 99

6. 하늘의 나라 금관가야의 건국 신화가 살아남다 133

7. 주몽, 부여의 핍박을 뚫고 하늘의 나라 고구려를 건국하다 165

8. 중국의 역사서, 하늘의 나라 백제의 건국 신화를 전하다 187

9. 고구려가 부정한 부여도 하늘의 나라였다 207

10. 하늘의 나라 고조선의 건국 신화, 혈통을 뛰어넘다 221

1

전통 문명 시대, 하늘 숭배 사상의 보편성

◎

농업 혁명과 하늘 숭배 사상

전통 문명 시대 인간과 자연의 세계를 창조하고 움직이는 힘의 근원을 땅[地]이 아니라 하늘[天]에서 찾고, 이를 가장 신성하고 권위 있는 존재로 인식한 하늘 숭배 사상은 모든 문명권에서 나타나는 보편적인 현상이었다. 그래서 인간 세계를 실질적으로 통치하는 임금이나 인간 세계의 정신적 질서의 대변자인 종교 지도자의 권위는 하늘과 교감을 나누는 대표자로 인정받을 때 확고해질 수 있었다.

그런데 하늘 숭배 사상은 인류의 역사에서 그렇게 오래전에 등장한 것이 아니다. 사냥과 채집 단계의 인류는 한곳에 머무르며 집단의 생존을 유지할 수 있을 정도의 먹이를 구할 수 없었기 때문에 지속적인 이동 생활을 하였다. 20세기까지도 시베리아나 북아메리카 북부의 한대, 아프리카와 아메리카 및 오세아니아의 열대나 사바나 기후 지역에는 사냥과 채집 위주의 인류 집단이 상당수 존재했다. 이들에게는 집단의 생존과 직결되는 먹잇감이나 두려우면서도 그 힘을 빌리고 싶은 동물, 삶의 기간이 동물이나 인간보다 훨씬 길어 영원한 생명을 상징했던 나무, 먹잇감을 제공하는 숲이나 바다 등을 숭배하는 토테미즘(totemism)이 일반적이었다. 그리고 이러한 대상들에 스며들어 있다고 여겨진 초자연적 영혼과 직접 접촉·교감하는 존재인 샤먼(shaman, 우리말로는 무당과 유사)이 등장하고, 이상적 심리 상태에서 이루어지는 샤먼의 종교적인 제례 행사를 중요하게 여기는 샤머니즘(shamanism)도 널리 퍼져 있었다.

인간이 하나의 종으로 분화된 이후 수백만 년 동안 지속되었던 이동 생활은 땅에 곡식을 심어 먹을 것을 구하는 농업의 시작과 함께 정착 생활로 변하기 시작하였다. 지구 위에서 농업이 가장 빨리 시작된 곳은 약 1만 년 전의 서남아시아 지역으로 알려져 있다. 그렇다고 농업의 시작이 바로 도시를 중심으로 한 문명의 시작을 의미하는 것은 아니다.

20세기까지 열대 지역에 존재했던 원시 농업 사회의 경우 소규모 집단의 정착 수준인 마을을 이루기는 했지만 많은 잉여 물자의 집중을 토대로 이룩되는 도시 문명을 창출하지는 못했다. 한반도의 경우에도 도시 문명은 농업이 시작된 신석기 시대가 아니라 청동기 시대의 고조선에 이르러 꽃을 피웠다.

지배-피지배의 관계를 발생시킬 수 있을 정도의 잉여 생산물을 가능하게 한 집약 농업이 시작되면서 도시 문명도 출현하였다. 지금으로부터 6,000~4,000년 전 사이에 이라크의 티그리스강 · 유프라테스강 유역의 메소포타미아 문명, 이집트 나일강 유역의 이집트 문명, 파키스탄 인더스강 유역의 인더스 문명, 중국 황하 유역의 황하 문명이 차례대로 일어났고, 종자의 개량 및 농업 기술의 혁신과 함께 주변 곳곳으로 전파되었다.

문명 초창기에 도시는 지배 권력을 매개로 생산의 공간인 마을의 잉여 생산물을 흡수하여 문명의 토대를 쌓았고, 도시와 그들이 거느리는 많은 마을이 하나의 조합을 이루어 도시 국가를 이루었다. 한반도에서도 한나라에 의해 고조선이 멸망한 후 등장하는 마한 54국, 진한 12국, 변한 12국 등이 모두 도시 국가의 형태를 이룬 나라들이었다.

도시 국가 사이의 경쟁이 심화되면서 하나의 도시 국가가 다른 여러 도시 국가를 정복한 중앙 집권적 영역 국가가 등장하기도 했다. 그리고 이러한 영역 국가 여럿을 정복하여 통일하면, 영역 국가와 구별 짓기 위해 '황제의 국가'란 뜻의 제국(帝國)이라는 이름을 붙이기도 하였다. 때로는 로마제국이 멸망한 후 등장한 중세 유럽처럼 하나의 도시와 여러 마을로 이루어진 도시 국가의 형태로 돌아가기도 하고, 중국의 위진남북조 시대나 우리나라의 후삼국 시대처럼 몇 개의 영역 국가로 분열되기도 하였다. 일본의 에도 시대(1603~1867)처럼 하나의 힘센 도시 국가가 많은 도시 국가를 외교 · 군사의 측면에서 강력하게 통제하면서도 각 도시 국가의 내부 통치에 대해서는 자율권을 인정하는 분권적 시스템의 영역 국가 형태도 있었다. 우리나라의 역사에서는 지방관을 거의 파견하지 않았던 고려 초기의 모습이 일본의 에도 시대와 비슷했다.

구대륙 최초의 문명이 일어난 4대 문명 지역을 비롯하여 신대륙의 마야 · 아즈텍 · 잉카 문명까지 세계 모든 지역의 전통 문명은 농업 혁명의 결과물이었다. 문명 지역 주변에는 강수량이 적어 농업이 불가능한 거대한 유목 지대가 형성되어 있는 지역이 꽤 있었다. 그런데 유목이라는 것은 한곳에 머무르며 집단의 생존을 유지할 수 있을 정도가 되지 못하여 이동 생활을 기본으로 하였다. 그래서 자체적으로 도시 문명을 이룬 경우는 거의 없었다. 농업 문명 지역을 정복하여 유목 민족의 장점을 결합한 독특한 문명을 이루다가도 결국에는 농업 문명의 큰 흐름에 흡수당하는 것이 일반적이었다.

인류가 하나의 종으로 탄생한 이후 농업 혁명, 그중에서도 집약 농업의 결과물인 도시 문명에서부터 하늘 숭배 사상이 나타났다. 세계 모든 문명권에서 인간 사회의 외적 존재 중 가장 높고 신성불가침의 권위를 갖고 있던 제1의 자연은 하늘이었고,

땅은 항상 두 번째였다. 신분제 사회의 조선에서 '아버지는 하늘, 어머니는 땅'이라고 한 것, 기독교에서 '하나님 어머니'가 아니라 '하나님 아버지'라 한 것 등이 대표적인 사례다. 농업이 인간의 생존과 번영에 필요한 생산물을, 땅에 곡식을 심어 만들어 내는 산업이라는 점에서 보면 언뜻 이해하기 어렵다. 하지만 어느 문명권이든 농업의 풍흉은 땅이 아니라 하늘에 달려 있는 것으로 보았다.

물이 있는 건조 지대,
오아시스의 농업 생산성이 가장 높다

하늘 숭배 사상의 원인을 우리나라 사람들에게 물어보면 농업에 필요한 비가 하늘에서 내리기 때문이라고 대답하는 것이 일반적이다. 하지만 이 대답은 구대륙 최초의 4대 문명 지역으로 가면 전혀 타당하지 않다.

메소포타미아 문명 · 이집트 문명 · 인더스 문명 지역은 세계적으로 비가 가장 적게 오는 건조 지대에 속해 있다. 황하 문명 지역은 건조 지대까지는 아니더라도 우리나라 평균 강수량의 절반 정도밖에 되지 않는 반건조 지대가 대부분이다. 이들 지역 농업의 풍흉은 하늘에서 오는 비와 거의 관련이 없다. 따라서 하늘에서 내리는 비는 세계 전통 문명권에서 일반적으로 나타나는 하늘 숭배 사상의 근본적 이유라 할 수 없다.

식물의 3대 생장 조건은 물 · 공기 · 햇볕인데, 공기는 지표면 어디에나 있는 것이므로 물과 햇볕이 식물의 생장에 결정적인 역할을 한다. 문명 탄생의 토대였던 곡물 또한 식물로부터 얻어지는 것이기 때문에 농업 생산성의 높낮이는 물과 햇볕이란 변수에 의해 결정된다. 그리고 물의 조건만 갖추어져 있으면 지표면에 비추는 햇볕의 양인 일조량(日照量)이 풍부한 지역의 농업 생산력이 가장 높다.

구대륙의 4대 문명 지역은 강수량(降水量)만으로는 곡물 식물의 생장에 아주 불리하다. 하지만 이 지역들은 티그리스강 · 유프라테스강 · 나일강 · 인더스강 · 황하 등 큰 강을 끼고 있다. 만약 이 물을 이용할 수만 있다면 세계 어느 지역보다도 훌륭한 조건을 갖추고 있는 셈이다. 여기에 강수량이 적은 건조 지대나 반건조 지대의 특성상 일조량은 세계에서 가장 많은 편이다. 이런 조건 속에서 농업 생산성은 세계적으로 가장 높은 수준을 자랑할 수밖에 없다.

구대륙의 4대 문명 지역처럼 물이 있는 건조 지대를 오아시스라 한다. 세계에서 농업 생산성이 가장 높은 지역이 바로 그런 오아시스였다. 예를 들어 메소포타미아 지역의 경우 교토대학의 가즈야 마에가와 교수가 문명 초창기의 쐐기문자를 판독한 결과 최대 76배나 수확했다고 한다. 열대나 우리나라가 속해 있는 온대의 습윤 지역은 잘해야 7~10배 정도 수확한 것으로 알려져 있다.

하늘,
농업의 풍흉을 결정하다

구대륙 4대 문명 지역의 대하천 수위는 주기성을 띠고 있다. 네 하천 모두 상류 지역에서 내려오는 물의 양이 불어나고 줄어드는 것을 주기적으로 반복한다. 따라서 범람을 통한 것이든 관개 시설을 통한 것이든 농업의 풍년 정도는 강물을 끌어들일 수 있는 유량의 증가와 감소의 주기를 얼마나 정확하게 맞추어내느냐에 달려 있다. 단적으로 말해 주기를 정확하게 맞출수록 씨뿌리기-가꾸기-거두기의 과정을 순조롭게 진행할 수 있어 풍년의 확률이 높아진다. 반대로 씨를 뿌렸는데 범람하거나 유량이 적어 물을 끌어올 수 없는 상황이 발생하면 풍년의 확률은 떨어질 수밖에 없다.

결국 대하천 수위의 주기를 정확하게 맞추어내는 일은 농업의 풍년 확률을 높이는 것이고, 그것은 도시 문명의 번영과 직결되어 있어 모든 문명에서 꼭 해야 되는 일이었다.

대하천 수위의 주기를 정확하게 맞추기 위해 필요한 첫 번째 일이 바로 1년 동안 언제 강물이 불어나고 줄어드는지를 표시할 정확한 달력을 만드는 것이다. 지구는 약 365일을 주기로 태양을 공전하며, 공전 궤도에 비해 지구의 자전축이 23.5도 기울어져 있다. 이로 인해 지구 위 모든 곳에서 태양의 고도는 매일매일 달라지며, 가장 높았을 때와 가장 낮았을 때를 기준으로 볼 때 그 주기는 약 365일이 된다.

태양 고도의 변화를 측정할 수 있는 가장 쉬운 방법은 태양의 그림자 길이를 측정하는 것이다. 북반구를 중심으로 보면, 태양의 고도가 가장 높을 때인 하지(夏至)에 그림자의 길이는 가장 짧고, 태양의 고도가 가장 낮을 때인 동지(冬至)에 그림자의 길이는 가장 길며, 태양의 고도가 중간일 때인 춘분(春分)과 추분(秋分)에 그림자의 길이도 중간이다. 낮과 밤의 길이로 바꾸어 말하면 하지에는 낮이 가장 길고, 동지에는 밤이 가장 길며, 춘분과 추분에는 밤낮의 길이가 같다.

이렇게 태양의 고도에 대한 측정을 기초로 만들어진 1년 365일의 달력 위에 강물의 유량 변화 시기를 표시해놓으면 언제 씨를 뿌려서 가꾸고 거두어 들여야 풍년을 이룰 수 있을지 알 수 있게 된다. 물론 강물의 유량 변화가 매년 동일한 날짜에 이루어지는 것은 아니기 때문에 달력 위에 표시된 강물 유량의 변화 시기는 상당히 오랜 연도에 걸쳐 관찰된 결과의 평균치가 될 수밖에 없다. 따라서 달력에 표시된 것에 따라 농사를 짓는다고 하여 항상 풍년을 이룰 수 있는 것은 아니지만 풍년을 이룰 수 있는 확률은 확실히 높일 수 있다.

이것이 바로 구대륙 최초의 4대 문명 지역에서 농업의 풍흉을 땅이 아닌 하늘에서 결정한다고 본 공통 이유다. 그리고 문명권마다 형태는 달라도 인간 사회 외적 존재 중 가장 높고 신성불가침의 권위를 갖고 있던 제1의 자연을 땅이 아닌 하늘로 인식하는 하늘 숭배 사상이 공통적으로 나타나게 된 근본 이유이기도 하다. 그리고 1년 365일의 달력을 만드는 데 가장 핵심적인 관찰 대상은 태양이지만 밤하늘에 나타나는 달과 별자리 역시 주기성을 띠고 변화하기 때문에 하늘에 대한 관찰은 밤낮을 가리지 않고 이루어졌다.

하늘을 관찰하는 천문학(天文學)은 네 문명 지역에서 모두 발달하면서 '제왕의 학문'이 되었다. 그 결과로 만들어진 달력과

신라 선덕여왕 때 세운 경주 첨성대. 동양에서 가장 오래된 천문 기상 관측대이다.
(출처: 국가문화유산포털)

연도를 따지는 기준인 연호(年號)는 인간 세계의 최고 통치자인 임금 또는 최고 종교 지도자의 권위로 반포되었다. 아울러 하늘에서 나타난 태양, 달, 별자리의 특이한 변화가 땅 위 인간 세계의 변화, 특히 임금이나 국가와 관련된 변화와 밀접한 연관이 있다고 보는 점성술(占星術)도 더불어 발달했다.

구대륙의 네 지역에서 발생한 문명은 종자의 개량과 농업 기술의 혁신 등을 통해 주변 지역으로 확산되어나가면서 한반도를 비롯하여 열대나 온대의 다른 지역에서도 새로운 문명이 일어났다. 이들 지역과 자체적으로 문명을 이룬 신대륙의 마야·아즈텍·잉카 등의 문명 지역은 구대륙 최초의 4대 문명 지역과 다른 기후 조건을 갖고 있었다.

첫째, 건조나 반건조 지대인 4대 문명 지역에 비해 상대적으로 강수량이 풍부하면서 일조량은 적었다. 둘째, 그런 덕분에 4대 문명 지역과는 달리 비가 내리는 곳이라면 평지와 산지를 가리지 않고 경작 가능한 모든 땅에서 농지를 개간하였다.

하지만 이런 조건의 차이에도 불구하고 새롭게 문명을 일으킨 모든 지역의 농업 역시 강수량, 기온 등의 주기를 정확히 맞추어야 풍년의 확률을 높일 수 있었다. 전통 시대부터 내려온 우리나라의 1년 24절기도 농업과 관련된 시간으로 나누어져 있었다. 따라서 뒤늦게 문명이 일어난 지역에서도 4대 문명 지역

우리나라 1년 24절기

계절	월	절기	양력 날짜	
			월	일
봄	1	입춘(立春) - 봄의 시작	2	4~5
		우수(雨水) - 봄비 내리고 싹이 틈		18~19
	2	경칩(驚蟄) - 개구리가 겨울잠에서 깸	3	5~6
		춘분(春分) - 낮이 길어지기 시작		20~21
	3	청명(淸明) - 봄 농사 준비	4	4~5
		곡우(穀雨) - 농사비가 내림		20~21
여름	4	입하(立夏) - 여름의 시작	5	5~6
		소만(小滿) - 본격적인 농사의 시작		21~22
	5	망종(芒種) - 씨뿌리기	6	5~6
		하지(夏至) - 낮이 가장 긺		21~22
	6	소서(小暑) - 여름 더위의 시작	7	7~8
		대서(大暑) - 여름 더위가 가장 심한 때		22~23
가을	7	입추(立秋) - 가을의 시작	8	7~8
		처서(處暑) - 일교차가 커지고 더위가 가심		23~24
	8	백로(白露) - 이슬이 내리기 시작	9	7~8
		추분(秋分) - 밤이 길어지기 시작		23~24
	9	한로(寒露) - 찬 이슬이 내림	10	8~9
		상강(霜降) - 서리가 내리기 시작		23~24
겨울	10	입동(立冬) - 겨울의 시작	11	7~8
		소설(小雪) - 얼음이 얼기 시작		22~23
	11	대설(大雪) - 겨울 큰 눈이 옴	12	7~8
		동지(冬至) - 밤이 가장 긺		21~22
	12	소한(小寒) - 겨울 중 가장 추운 때	1	5~6
		대한(大寒) - 겨울 큰 추위		20~21

과 마찬가지로 태양과 달, 별자리의 정확한 관측을 통해 1년의 주기를 정확하게 맞추어 달력을 만들어내야만 했다. 자연히 이들 지역에서도 천문학과 점성술이 발달하였고, 나아가 하늘 숭배 사상 역시 4대 문명 지역과 마찬가지로 보편적인 현상이 되었다. 물론 조선을 비롯하여 한반도에서 문명을 일으킨 모든 나라도 예외가 아니었다.

근대 문명,
하늘을 없애다

우리나라 사람들 대부분은 우리 전통 건축물의 독특한 조영 원리를 설명할 때 '자연과의 조화'란 설명 방식을 좋아한다. 그런데 여기서의 '자연(自然)'이란 개념에는 하늘이 빠져 있다. 하지만 세계 모든 전통 문명권에서 최고의 권위를 획득한 존재로서의 자연은 땅이 아니라 하늘이었다. 전통 시대의 보편적 사회 운영 원리였던 불평등한 신분제에 정당성을 부여하는 신성불가침의 절대적인 힘의 근원도 하늘이었다.

유럽에서 시작된 근대의 사상가들은 신분제 사회의 불평등이 인류의 역사 속에서 원래부터 있었던 당연한 것도, 앞으로 계속되어야 할 영원한 것도 아니라는 사실을 발견하였다. 그래서 나온 것이 바로 '하늘은 모든 사람에게 불평등이 아니라 평등한 권리를 주었다'는 천부인권(天賦人權) 사상이다. 이는 전통 시대의 관점에서 보면 말도 안 되는 주장이었지만 산업혁명을 통과하면서 시대의 대세가 되었고, 결국엔 법적 · 사회적 측면에서 평등 사회를 완전히 실현해냈다.

평등 사회가 실현되고 나서는 '하늘이 모든 사람에게 불평등이 아니라 평등한 권리를 주었다'는 식의 주장이나 설명을 굳이 할 필요가 없게 되었다. 인간의 평등은 주장하거나 설명할 필요가 없는 것이자, 인간이란 생명체가 갖고 있는 당연하고 자연스러운 본질로 인식되었다. 이런 과정에서 전통 시대의 자연 개념에서 최고의 권위를 갖고 있던 하늘은 근대의 자연 개념에서 자연스럽게 제외되었다. 근대 이후에는 자연이라고 하면 산으로 대표되는 땅으로 여겨졌고, 더불어 물 · 공기 등 인간 스스로 보고 느낄 수 있는 대기권 이하의 물질적인 것에만 한정시켰다.

문제는 근대 이후의 현상을 설명할 때는 자연이란 개념에서 하늘을 제외해도 상관이 없지만 전통 시대의 여러 현상을 설명할 때는 그렇지 않다는 점이다. 전통 문명권 대부분의 국가가 사람의 나라가 아니라 하늘의 나라, 하늘의 뜻을 받들어 세운 신성한 나라라는 건국 신화를 만들어 자신들의 정통성을 합리화하고자 했기 때문이다.

건국 신화는 노래였다

일제 강점기부터 1990년대까지 우리나라의 고대사 연구 중에서 한때 『삼국사기(三國史記)』의 초기 기록을 어떻게 볼 것인가의 주제가 유행하였다. 왕실의 세계(世系)가 애매하거나 연도와 내용이 어긋나는 듯한 부분이 꽤 있었기 때문이다. 그런데 나는 「신라 왕경의 범위와 구역에 대한 지리적 연구」란 주제의 박사 학위 논문을 쓰면서 큰 흐름에서는 『삼국사기』의 초기 기록 대부분을 신뢰하였다.

인류는 집약 농업을 토대로 문명을 이루면서 도시와 국가를 탄생시켰다. 동시에 국가의 건국과 전쟁, 혁명과 변화 등에서 활약한 영웅들이 속속 등장했고, 이들 영웅의 활약상은 평범한 인간을 뛰어넘는 구조의 이야기로 만들어져 대대로 전승되었다. 그런데 인류는 이런 이야기를 기록할 문자를 문명과 도시, 그리고 국가를 만들어낸 한참 후에나 발명했다. 그러면 문자 없이 어떻게 전승했을까. 답은 간단했다. 노래로 만들어서 전승했다.

서사시(敍事詩)라는 장르가 있다. 사전에 의하면 서사시는 '한 민족이나 국가의 운명을 걸머지고 있는 영웅적인 존재를 주인공으로 설정하여 그가 주도하거나 참여한 건국, 전쟁, 혁명, 천재지변 등과 같은 역사적 사건을 장중하고 엄숙한 분위기로 서술하는 시'로 알려져 있다. 서사시의 가장 큰 특징 중 하나는 내용이 엄청나게 길다는 것인데, 모든 시가 그렇지만 서사시 또한 운율이 있다.

그런데 내용이 엄청나게 길다는 특징은 사람들이 쉽게 외우지 못하게 만드는 요인이 되지만 운율을 담아 노래로 만들면 외우기가 그리 어렵지 않았다. 우리나라 판소리의 내용이 엄청나게 길지만 소리꾼이 북치는 고수의 장단에 맞추어 틀리지 않고 모두 부르는 것을 상상하면 된다. 지금은 서사시라고 하면 문자로 기록된 것을 의미하지만 문자가 발명되기 이전의 서사시는 모두 노래로 부르는 것을 의미했다.

동양이든 서양이든, 아프리카든 아메리카든 문자로 기록되기 전 고대 국가의 모든 건국 신화와 영웅의 이야기는 운율이 있는 서사시의 노래로 만들어졌다. 그리고 그 일을 대대로 계승하는 신분이나 가계의 전문 소리꾼에 의해 전파 계승되었다. 건국 시조나 영웅의 활약상을 강조하여 노래하다 보니 당연히 과장이 있을 수밖에 없었고, 운율을 담다 보니 함축적이고 은유적으로 표현될 수밖에 없었다. 그렇게 노래로 불리던 건국 시조와 영웅의 서사시는 인류가 문자를 발명하여 기록되면서 노래로서의 성격이 약화되었다.

건국 신화를 포함하여 문자로 기록되기 전 고조선, 신라, 고구려, 백제, 가야의 역사는 모두 서사시의 노래로 만들어져 전해지던 것이다. 그렇기 때문에 과장과 은유가 많을 수밖에 없었고, 후대에 국가사업의 일환으로 전문가를 동원하여 문자로 기록하면서 많이 고증했다고 하더라도 왕실의 세계가 애매하거나 연도와 내용이 어긋나는 듯한 부분이 꽤 있을 수밖에 없었다. 그래서 나는 박사 학위 논문을 쓸 때 『삼국사기』의 초기 기록 대부분을 신뢰했던 것이다. 물론 그렇다고 하여 다 믿었던 것은 아니며, 큰 흐름에서만 신뢰했다.

2

혁거세,
하늘의 나라
신라를
건국하다

◎

일연 스님이 담아낸 신라의 건국 신화

지금으로부터 2천여 년 전, 경주에서는 천년의 왕국 신라가 역사의 벽을 뚫고 나오고자 꿈틀대고 있었다. 그 모습을 문하시중(門下侍中) 김부식(金富軾, 1075~1151)은 『삼국사기』에, 국존(國尊) 일연(一然, 1206~1289) 스님은 『삼국유사(三國遺事)』에 담아 우리에게 전하고 있다. 그중에서 훨씬 더 생동감 있게 신라 건국의 모습을 담아낸 일연 스님의 기록을 따라 그때 그곳으로 잠시 시간 여행을 떠나보자.

기원전 69년 3월 초하루, 여섯 마을[六村]의 조상들이 자제들을 거느리고 모두 알천의 언덕 위에 모여 미래를 걱정하며 토론하기 시작하였다. 한 촌장(村長)이 우리들에게 위로 백성들을 다스리는 임금이 없어 모두 방종하여 스스로 하고자 하는 것만 따르니 우리의 힘을 한데 모을 수가 없다며 한탄하였다. 그러자 여기저기서 덕(德)이 있는 사람을 찾아 그를 임금으로 추대하여 나라를 세우고 도읍을 정하는 것이 어떻겠느냐는 이야기가 나오기 시작하였고, 이내 모두 고개를 끄덕이며 의견의 일치를 보았다.

여섯 마을의 조상들은 곧바로 자신들의 임금을 세워달라는 합의된 염원을 하늘에 고하는 제사를 지내기로 했다. 이를 위해 높은 곳으로 올라갔는데, 남쪽을 바라보니 양산 밑의 나정(蘿井) 곁에서 이상한 기운이 번개처럼 땅에 드리우더니 백마 한 마리가 무릎을 꿇고 절을 하고 있었다. 모두 달려가 그곳을 살펴보니 보랏빛 알 하나가 있었고, 말은 사람을 보자 길게 울면서 하늘로 올라갔다.

여섯 마을의 조상들이 그 알을 깨어보니 남자아이가 있었는데, 용모가 단정하고 아름다웠다. 이에 놀라고 신비하여 아이를 동쪽의 샘에서 목욕시키니, 몸에서 광채가 나고 새와 짐승이 모두 춤추며 하늘이 진동하고 해와 달이 맑고 밝게 빛났다. 그래서 혁거세(赫居世)라 이름 붙이고, 임금의 호칭은 거슬한(居瑟邯)이라 했다. 여섯 마을의 사람들이 다투어 축하하며 말하기를 이제 하늘의 아들[天子]이 우리에게 내려왔으니 마땅히 덕이 있는 여자를 찾아 배필을 정해야 하겠다고 하였다.

이날 사량리의 알영정(閼英井)가에 계룡(雞龍)이 나타나 옆구리에서 어린 여자아이를 낳으니, 용모가 매우 아름다웠다. 하지만 입술이 닭의 부리 같아 월성 북쪽의 냇가에 가서 목욕을 시키니 그 부리가 떨어져나가 그 내의 이름을 발내[撥川]라 불렀다.

이에 여섯 마을의 사람들이 남산 서쪽의 기슭에 궁실을 짓고, 두 성스러운 아이를 모셔서 길렀다. 남자는 알에서 태어났는데, 알이 표주박[瓠] 모양이었다. 여섯 마을의 사람들이 표주박을 박(朴)이라 하므로, 성을 박씨라 하였다. 여자는 태어난 우물 이름을 따서 알영이라고 이름을 지었다. 두 성인이 열세 살이 된 기원전 57년에 남자는 임금으로 추대하였고, 더불어 여자를 왕비로 삼았다.

혁거세의 잔인한 운명,
사람 아버지와 사람 어머니를 없애라

경부고속도로를 타고 경주나들목을 나와 서라벌대로를 달리다 보면 가로수 사이사이로 남산 북서쪽의 기슭에 작은 숲이 언뜻언뜻 보인다. 그곳에 신라의 건국 시조 박혁거세의 탄생과 관련된 우물인 나정이 있다. 1999년 가을, 내가 신라 연구를 위해 처음으로 나정을 찾았을 때 그곳엔 작은 건물의 지붕 아래 시조 유허비와 우물 하나, 그리고 간략한 안내문만 덩그러니 놓여 있었다. 2000년대에 들어서면서 나정에 대한 본격적인 발굴이 이루어졌고, 그 결과 지금은 신궁(神宮) 또는 제단(祭壇)으로 추정되는 8각형 모양의 건물터와 담장터의 모습을 볼 수 있다.

오랜만에 다시 선 그 나정 앞에서 가만히 생각해본다. 바로 이곳 숲속에서 알을 깨고 세상에 나온 박혁거세의 이야기는 역사적 사실일까. 당연히 사람이 알에서 태어날 리 만무하니 허구다. 그러면 신라인들은 왜 그런 허구를 만들어 굳게 믿은 것일까. 나정 앞에 서면 이런 의문이 끊임없이 이어진다.

신화(神話)는 신라뿐만 아니라 세계 어느 문명에도 존재하며, 사람 사는 세상의 이야기를 신의 이야기로 바꾸어 담은 것이다. 물론 그렇다고 해서 사람 사는 세상의 모든 이야기가 신화가 되는 것은 아니다. 사람은 사람이되 사회와 국가 속에서 차지하는 그의 존재가, 그의 삶이, 그의 의미가 뭇사람들과 너무 달라 사람이라 표현하면 뭔가 말이 되지 않는 사람의 이야기, 그것이 바로 신화가 되는 것이다.

신라인들은 여섯 마을을 단합시켜 새로운 나라를 만든 건국 시조 박혁거세를 평범한 사람으로 볼 수 없었다. 아니 그렇게 보아서는 안 되었다. 진한의 열두 작은 나라 중 하나로 시작하여 진한과 변한, 백제와 고구려까지 차례대로 정복한 위대한 신라가 어찌 평범한 사람이 세운 나라일 수 있겠는가. 신라인들에

경주 나정은 신라의 건국 시조 박혁거세의 탄생 신화가 깃든 우물이다.
경주 나정 전면 발굴조사 안내판(출처: 국가문화유산포털)

게 건국 시조 박혁거세는 평범한 사람이어서는 절대 안 되는 인물이었다.

박혁거세도 사람이기에 사람 어머니와 사람 아버지의 결합으로 잉태되었을 것이고, 어머니의 뱃속에서 열 달 동안 편안하게 머물러 있다가 자궁을 통해 세상에 나왔을 것이다. 하지만 역사는 그에게 사람 어머니와 사람 아버지 모두를 부정해야 하는 천하의 불효자가 되어야 할 운명을 부여하였다. 이 얼마나 슬픈 운명인가. 신라의 건국 신화에서 박혁거세의 사람 어머니와 사람 아버지는 연기처럼 흔적도 없이 사라져버렸다.

박혁거세는 사람 어머니의 뱃속이 아니라 하늘에서 내려 보낸 보랏빛 알을 깨고 세상에 나왔다. 박혁거세의 아버지는 사람 아버지가 아니라 하늘이고, 그래서 여섯 마을의 사람들은 박혁거세를 하늘의 아들이라고 불렀다.

여섯 마을로 나뉘어 오랫동안 화목하게 잘 살아오던 사람들에게 갑자기 화합하며 단합해야 할 절실한 필요성이 생겼다. 그래서 여섯 마을 사람들 모두가 모여 덕이 있는 사람을 찾아 그를 임금으로 추대하여 나라를 세우고 도읍을 정하기로 합의를 하였다. 하지만 여섯 마을 가운데 어느 마을 누구를 여섯 마을 전체를 통합하며 다스릴 임금으로 삼는다는 것은 평등을 해치는 것이기에 서로 받아들이기가 쉽지 않았다. 그래서 적극적인 대안으로 높은 곳에 올라가 해결책을 내려달라는 제사를 하늘에 올렸더니 하늘이 응답하여 자신의 아들을 보랏빛 알에 담아 말과 함께 나정 곁에 내려보냈던 것이다.

여섯 마을의 사람들이 보랏빛 알을 발견하자 말은 하늘의 아들을 무사히 인도하는 천사(天使)의 임무를 완수하였기에 곧바로 하늘로 날아올라갔다. 신라에서 가장 유명한 무덤 중의 하나인 천마총의 천마(天馬)가 하늘의 아들 박혁거세를 알에 담아 지상으로 인도한, 바로 그 하늘의 말이 아니었을까. 여섯 마을의 사람들이 알을 깨고 나온 박혁거세를 동쪽의 샘에서 목욕을 시키자, 몸에서는 광채가 나고 새와 짐승이 모두 춤추었으며 하늘이 진동하고 해와 달이 맑고 밝게 빛났다. 천지(天地)가 개벽(開闢)한 것이다.

기원후 4년 거서간 박혁거세가 세상을 떠나고 남해차차웅이 신라의 두 번째 임금으로 등극하였다. 그리고 남해차차웅 3년(기원후 6), 신라의 건국 시조 박혁거세의 사당[廟]을 처음으로 만들어 친누이[親妹] 아로(阿老)에게 사계절마다 제사를 주관하게 하였다. 21대 임금인 소지마립간 9년(487) 건국 시조 박혁거세가 태어난 나을(奈乙), 즉 나정에 신궁을 짓고, 이후 신라의 임금들은 중요한 일이 있을 때마다 신궁에 제사를 지냈다.

나정을 돌아 나오기 전, 박혁거세의 건국 신화에 절실하게 담

흰색 천마 한 마리가 하늘로 올라가는 모습을 그린 천마도(출처: 국가문화유산포털)

고 싶었던 신라인들의 소망이 무엇이었을까 다시 한번 되물어 본다. 땅 위의 모든 것을 주관하는 하늘, 그리고 그 하늘이 보낸 아들 박혁거세가 세운 나라, 신라인들은 자신들의 나라가 사람이 아니라 하늘의 아들이 세운 하늘의 나라라는 긍지를 갖고 살고 싶었던 것이다.

왕비 알영 또한 잔인한 운명을 피하지 못했다

나정을 나와 박혁거세의 왕비가 태어났다는 우물인 알영정으로 향한다. 나정에서 북서쪽으로 700미터쯤 거리의 오릉주차장에 내려 표를 사고 오릉 구역 안으로 들어선다. 그리고 오른쪽으로 꺾으면 신라 시조 박혁거세를 제사하는 숭덕전(崇德殿)이 있고 그 뒤쪽의 뜰에 알영정이 있다. 사각형 담장 안의 작은 건물 아래에 비석 하나가, 그 옆에 뚜껑이 덮여 있는 알영정이 있다.

박혁거세의 왕비 알영 또한 사람 어머니와 사람 아버지의 결합으로 잉태되어 열 달 동안 어머니의 뱃속에 편안히 있다가 자궁을 통해 태어났을 것이다. 하지만 신라의 건국 신화에는

경주 오릉 숭덕전(출처: 국가문화유산포털)

알영의 사람 어머니와 사람 아버지가 없다. 알영은 사람이 아니라 계룡의 옆구리에서 태어났다. 신라인들은 하늘의 아들 박혁거세가 평범한 사람의 딸과 결혼하는 것을 도저히 인정할 수 없었다.

동아시아에서 용(龍)은 땅에서 하늘로 올라가는 상상 속의 상서로운 동물이고, 그래서 용은 하늘과 감응한 땅의 지배자를 상징했다. 신라의 건국 신화는 하늘의 아들 박혁거세가 하늘과 감응할 수 있는 땅의 지배자인 계룡의 딸 알영과 결혼하는 것으로 이루어져 있다. 하지만 박혁거세와 결혼하기 전의 알영에게는 흠이 하나 있었다. 계룡은 닭[雞]의 모양을 닮은 용이고, 그러니 그 옆구리에서 태어난 알영의 용모가 아무리 아름답다 할지라도 어느 한구석은 닭을 닮을 수 있다. 신라의 건국 신화에서도 알영의 입술이 닭의 부리를 닮았다고 하여, 아름다운 용모의 유일한 흠으로 기록해놓았다.

박혁거세는 하늘의 아들이므로 당연히 태어나면서부터 몸에서 광채가 나는 완벽한 용모의 소유자였다. 신라인들은 이렇게 완벽한 박혁거세와 결혼할 왕비 또한 흠이 없는 완벽한 여인이어야 한다고 여겼다. 그래서 월성 북쪽의 냇가에 가서 알영을 목욕시켰더니 아름다운 용모에서 유일한 흠이었던 입술의 닭 부리가 떨어져나갔다고 쓰고 있다. 알영은 가장 아름다운 여인

박혁거세의 부인 알영의 탄생지로 알려진 경주 알영정 우물터(출처: 국가문화유산포털)

으로 다시 태어난 것이고, 완벽한 박혁거세의 선택을 받기 위한 모든 준비가 끝났다.

신라인들은 완벽한 하늘의 아들 박혁거세와 부족했지만 고침을 통해 완벽해진 땅의 딸 알영이 결혼하여 신라를 건국했다고 보았다. 신라는 인간 세계에서는 누구도 범접할 수 없는 신성한 나라임을 만천하에 선포한 것이다. 구상이 참말로 원대하다. 화려함을 찾기 어려운 나정과 알영정의 유적이지만 그 앞에 서면 천년 왕국 신라인들의 간절한 염원이 봄날 따뜻한 아지랑이처럼 아른아른 피어오른다.

영혼은 하늘로,
몸은 땅으로

일연 스님은 하늘의 아들 박혁거세의 죽음을 '나라를 다스린 지 61년이 되는 기원후 4년에 하늘로 올라갔다'고 기록하였다. 신라인들은 박혁거세의 죽음까지도 사람의 아들이 아니라 하늘의 아들답게 아버지가 있던 하늘로 다시 올라갔다고 믿고 싶었던 것이다. 그런데 일연 스님은 박혁거세가 하늘로 올라간 지

경주 오릉 정면(출처: 국가문화유산포털)

7일 뒤에 육체가 땅에 흩어져 떨어졌다고 전한다. 신라인들은 하늘로 올라간 것은 박혁거세의 영혼뿐이고 육체는 땅 위의 자신들에게 남겨주기를 간절히 바랐다.

임금의 무덤은 평범한 사람의 무덤이어서는 안 된다. 살아 있는 임금은 죽은 임금의 무덤에서 엄숙하고 성대한 제사를 지내며 백성들에게 임금으로서 자신의 정통성을 각인시킨다. 이는 박혁거세의 죽음에도 당연하게 적용되는 것이니, 하늘의 아들 박혁거세의 영혼은 하늘로 올라갔지만 그의 육체만은 살아 있는 임금을 위해 땅에 흩어져 떨어졌다.

박혁거세가 죽자 왕비 알영 또한 따라 죽었다. 그런데 알영의 영혼은 남편 박혁거세의 영혼을 따라 하늘로 오르지 못했다. 알영은 하늘의 딸이 아니라 땅의 딸이었기 때문이다. 사람들이 임금 박혁거세와 왕비 알영을 합장하려 했는데, 갑자기 큰 뱀이 나타나 쫓아다니면서 방해를 했다. 건국 시조의 무덤은 아무 곳에나 만드는 것이 아니라는 의미다. 그래서 박혁거세의 몸을 다섯으로 나누어 다섯 무덤을 만들어 오릉(五陵)이라 불렀고, 큰 뱀이 그곳을 인도하였기에 뱀 사(蛇)자를 써서 사릉(蛇陵)이라고도 했다.

알영정을 나와 오릉을 가보면 진짜 다섯 개의 무덤이 있다. 오릉을 둘러싼 오랜 소나무숲이 신비함을 더해주고, 깔끔하게 다듬은 무덤의 잔디가 예스럽다. 다섯 개의 무덤 주인공은 누구일까. 일연 스님이 전해준 이야기처럼 박혁거세의 몸을 다섯으로 나누어 묻은 다섯 개의 무덤인가.

『삼국사기』에는 두 번째 임금인 남해차차웅(南解次次雄, 재위: 4~24), 세 번째 임금인 유리니사금(儒理尼師今, 재위: 24~57), 다섯 번째 임금인 파사니사금(婆娑尼師今, 재위: 80~112)을 박혁거세의 무덤이 있던 사릉에 장사 지냈다고 전한다. 그래서 사람들은 오릉의 다섯 무덤을 각각 박혁거세, 알영, 남해차차웅, 유리니사금, 파사니사금 다섯 사람의 무덤이라고도 본다. 하지만 발굴하여 확인하지 않았으니 어느 이야기가 맞는 것인지는 알 수가 없다.

분명한 것 하나는 다섯 무덤이 있는 오릉에 박혁거세의 무덤이 있다는 것이다. 1432년의 상황을 전하는 『세종실록』「지리지」의 경주부에도, 1481년의 상황을 전하는 『신증동국여지승람』의 「경주부」에도 혁거세릉이 지금의 오릉에 있는 것으로 기록되었다.

오릉을 다녀왔지만 대부분의 사람들이 보지 못한 오릉의 비밀 하나가 있다. 일연 스님은 큰 뱀이 나타나 박혁거세와 알영의 장례를 방해했다고 했다. 이 이야기에는 두 성인의 무덤을 아무 곳에나 만들지 않았다는 은유가 담겨 있고, 결국 의미 있

오릉과 주변 지형 원경(출처: 국가문화유산포털)

는 장소를 고르고 골라서 박혁거세의 무덤을 만들었다는 뜻이다. 그런데 지금 오릉을 가보면 그곳이 왜 의미 있는 장소였을지 이해하기가 쉽지 않고, 그래서인지 '왜 굳이 여기였지?'라는 물음을 던지는 사람이 없는 것 같다.

박혁거세의 무덤이 있는 오릉은 남천의 바로 남쪽 평지에 있다. 여기에 장소의 의미를 해독할 비밀 열쇠가 있다. 지금은 하천 정비가 잘 이루어져 남천의 하상이 깊고, 둑 또한 높게 쌓여 있다. 하지만 박혁거세가 죽어 하늘로 오르던 그 시절, 아직 하천에 대한 정비가 충분하게 이루어지지 않았던 남천의 모습은 지금과 같을 수 없다.

큰 비가 내리면 많은 모래를 실은 남천의 냇물이 북쪽의 월성에 부딪치며 거칠게 꺾여 서쪽으로 흐른다. 그런데 월성 남쪽을 지나 평지가 시작되면 운반력이 급격하게 약해지면서, 실어 나르던 모래가 갑자기 쌓이기 시작한다. 이 때문에 남천의 하상은 얕아지고, 폭은 엄청나게 넓어져 큰비만 내리면 냇가 주변이 온통 물난리가 날 수밖에 없다.

나정과 알영정 지역에 살던 신라 사람들은 삶의 영역까지 침범하는 남천의 범람을 다스리고 싶었다. 하지만 많은 사람을 동원해야 하는 힘든 일이었기에 쉽사리 그 책임을 떠맡고자 하는 사람이 나타나기가 어려웠으리라. 뭔가 큰 동력이 필요했다. 그

때 나라의 최고 통치자 박혁거세와 알영이 세상을 떠났고, 신라인들은 자기들의 나라가 영원할 수 있도록 영원히 떠받들어야 하는 무덤을 만들어야 했다.

처음엔 다른 곳에 만들고자 했으나 큰 뱀이 나타나 자꾸 방해를 하였다. 그곳은 아니라는 메시지다. 그래서 큰 뱀이 방해하지 않을 땅을 고르고 골랐고, 그곳이 바로 남천 남쪽에 있는 지금의 오릉이었다. 신라인들은 이곳에 박혁거세와 알영의 무덤을 만들면서 남천이 범람하지 않을 둑도 높게 쌓았으리라. 그리고 그 이후 남천은 나정과 알영정 지역의 삶터로 더 이상 범람하지 않았을 것이고, 신라인들은 박혁거세와 알영이 죽어서도 자신들을 지켜주는 수호신으로 존재하고 있음을 영원히 잊지 않게 되었으리라.

3

탈해,
신라에
하늘의 아들이
또 내려오다

◎

석씨 임금이 등장하다

제1대 혁거세거서간부터 제2대 남해차차웅, 제3대 유리니사금까지 신라 임금의 성씨는 박씨(朴氏)였다. 그런데 갑자기 제4대 임금으로 석씨(昔氏)인 탈해니사금이 즉위하였다. 고려나 조선에서라면 임금 성씨의 교체는 나라 자체의 교체를 가리키기에 참 이해하기 힘든 현상이다. 어쨌든 박씨 임금을 받들던 신라인들은 석씨인 탈해니사금도 임금으로 받아들였다.

탈해니사금의 즉위가 가능했던 가장 중요한 배경은 그가 제2대 임금인 남해차차웅의 사위이자 능력을 인정받아 가장 높은 벼슬을 역임한 고위 관료였다는 점이다. 김부식의 『삼국사기』는 남해차차웅이 임금이 된 5년 후 탈해가 현명하다는 말을 듣고 그의 딸과 결혼시켜 사위로 삼았고, 7년 후에는 가장 높은 관직인 대보(大輔)란 벼슬을 주어 나라의 중요한 일을 맡겼다고 전한다.

기원후 24년에 21년 동안 임금의 자리에 있던 남해차차웅이 죽었고, 그에게는 장성한 태자인 유리(儒理)가 있었다. 그러니 유리가 제3대 임금으로 즉위하는 것은 자연스러우면서도 당연한 것인데, 김부식의 『삼국사기』는 그렇게 기술하지 않았다.

유리는 대보를 맡고 있던 탈해의 덕망이 높다며 그에게 임금의 자리를 양보하였다. 그런데 탈해는 양보를 덥석 받아들이지 않았다. 임금의 자리는 자신같이 능력 없는 사람이 맡을 수 있는 자리가 아니라는 겸손을 표했다. 임금의 자리를 두고 벌어진 양보, 역사 속에서 보기 드물게 아름다운 장면이다. 하지만 결코 아름답게 벌어진 일만은 아니었음이 그다음의 기술에 은유적으로 표현되어 있다.

탈해는 양보의 겸손을 표했지만 유리가 자연스럽고 당연하게 임금의 자리에 오르는 것까지 허락하지는 않았다. 그는 제안을 했다. 성스럽고 지혜 있는 사람은 이(齒)의 수가 많다고 하니 떡을 물어서 시험하자고 하였다. 결과는 유리의 이가 더 많음이 확인되어 좌우 신하들의 추대를 받아 제3대 유리니사금으로 즉위하였다.

유리니사금의 즉위 과정은 내게 유리와 탈해 사이에 아름다운 양보의 역사가 있었던 것으로 읽히지 않는다. 둘 사이의 치열한 권력 다툼이 있었고, 결국엔 유리가 승리하여 임금이 되었지만 탈해의 세력을 완전히 제압하지는 못하고 공존의 길을 선택했던 것으로 읽힌다.

오랜 공존의 기다림 끝에 탈해가 드디어 임금의 자리에 오를 기회가 생겼다. 유리니사금이 재위 34년 만인 기원후 57년에 죽었다. 그때 탈해의 나이는 예순둘이었다. 아무리 생각해도 그 나이면 권력에서 물러날 나이로 여겨진다. 하지만 탈해는 그렇게 하지 않았다. 김부식의 『삼국사기』는 그것을 에둘러 표현했다.

유리니사금은 죽으면서 유언을 남겼다. 아버지인 남해차차웅이 죽기 전 아들과 사위를 막론하고 나이 많고 어진 사람으로 임금의 자리를 잇게 하라고 말해서 탈해보다 나이가 많았던 내가 임금이 되었지만 내가 죽게 된 지금 탈해를 다음의 임금으로 삼고자 한다. 이 유언이 받아들여져 예순두 살의 탈해가 신라의 제4대 임금으로 등극하였다.

여기서도 기록만 보면 참 아름답게 들린다. 하지만 유리니사금에게는 태자 일성(逸聖)이 있었다. 과연 태자 일성은 아버지인 유리니사금의 유언을 당연하게 받아들였을까. 쉽지 않은 일이었다. 그런데 당연히 임금이 될 것이라 생각했을 태자 일성의 반응이 김부식의 『삼국사기』에는 기술되어 있지 않다. 아무리 생각해도 나는 태자 일성이 탈해니사금의 즉위를 인정하지 않으면서 강하게 반발했지만 탈해 세력의 힘을 이길 수 없어 기록으로 남지 않았다고 느껴진다. 만약 아름다운 양보가 벌어졌다면 역사는 아름다운 나라 신라를 자랑하기 위해서라도 꼭 기술해주었을 것이다.

다시 생명을 얻은 탈해왕릉

경주 시내 북쪽의 표암봉 아래에 제4대 탈해니사금의 무덤이 탈해왕릉이란 이름으로 전해진다. 숲속에 아담하게 자리 잡은 봉분의 잔디가 잘 다듬어져 있는데, 조선시대 양반의 무덤만 한 평범한 크기다.

김부식의 『삼국사기』는 탈해니사금이 즉위한 지 24년이 된 기원후 80년에 죽자 금성 북쪽의 양정구(壤井丘), 즉 양정의 언덕에 장사 지냈다고 기록했다. 일연 스님의 『삼국유사』는 탈해니사금이 재위 23년 만에 죽자 말소소정구(末召疏井丘), 즉 말소소정의 언덕에서 수장(水葬)했다거나 소천구(疏川丘), 즉 소천의 언덕에 장사 지냈다고 전한다. 그런데 고려, 조선의 문헌 어디에도 탈해니사금의 무덤이 어디에 있는지를 알려주는 기록이 없다. 오랜 세월의 흐름 속에서 탈해니사금의 무덤이 사라져버

경주 탈해왕릉 전경(출처: 국가문화유산포털)

린 것이다.

20세기 초 석씨 성을 가진 사람들이 자신들의 시조인 탈해니사금의 무덤을 찾아 나섰고, 경주 시내 주변에 산재해 있는 수많은 무덤 중 지금의 탈해왕릉을 탈해니사금의 무덤으로 확정했다. 물론 왜 그렇게 결정했는지는 알 수 없다. 언젠가 탈해왕릉이 도굴되어 그 안을 들여다보게 되었는데, 무덤의 형식이 500년대 이후에나 유행하기 시작한 옆트기식돌방무덤[橫穴式石室墳]이었다고 한다. 그러니 기원후 80년에 죽은 탈해니사금의 무덤이기는 쉽지 않다. 그렇다고 지금의 탈해왕릉이 탈해니사금의 무덤이 아니라고 확정적으로 말하기도 어렵다.

나의 대학교 1학년 때인 1986년 6월, 권력에 의한 죽음임이 분명하지만 자살로 처리된 학과 동기가 있었다. 그의 부모님은 억울하게 죽어간 아들을 기억하며 가묘라도 만들어 추모하고자 했다. 몇 년 후 친구의 가묘가 남양주군 화도읍의 마석 모란공원에 만들어졌고, 그로부터 30년 가까이 지난 지금까지 가족과 많은 지인들은 그곳을 찾아 그를 기리고 있다.

나에게 지금의 탈해왕릉은 진짜 탈해니사금의 무덤이든 아니든 20세기 초 후손들의 간절한 소망과 노력으로 다시 생명을 얻은 탈해니사금의 무덤으로 보인다. 1898년(광무 2년) 탈해니사금에게 제사를 지내는 사당이 월성 안에 세워졌고, 1906년부터 신라 임금의 성씨인 박 · 석 · 김 3성의 시조를 제사하면서 숭신전(崇信殿)이라 이름 붙였다. 그리고 1980년에 월성 안의 민가를 철거하여 정비하면서 숭신전 또한 탈해왕릉의 동쪽으로 옮겨져 지금까지 전해지고 있다.

박씨 임금이 다시 등장하다

기원후 80년 여든다섯 살의 제4대 탈해니사금이 죽었다. 그때 그에게는 구추(仇鄒)라는 왕자가 있었는데, 나중에 최고의 지위인 각간(角干)에까지 올랐다. 그렇다면 탈해니사금이 죽은 후 왕자 구추가 제5대 임금으로 등극하는 것이 전통 문명에서 일반적으로 나타나는 현상이다. 하지만 구추는 임금이 되지 못했다.

김부식의 『삼국사기』는 전한다.

제4대 탈해니사금이 죽자 신하들은 제3대 유리니사금의 태자였던 일성(逸聖)을 제5대 임금으로 세우려 하였다. 하지만 어떤 자가 일성은 비록 유리니사금의 맏아들이지만 위엄과 현명함이 둘째 아들인 파사(婆娑)보다 못하다고 강력하게 주장하였다. 이에 신하들은 일성이 아니라 파사를 임금으로 세웠고, 드디어 제5대 파사니사금이 즉위하였다.

역사의 냉정함을 온몸으로 느꼈을 일성의 슬픈 운명이 느껴진다. 아버지 유리니사금이 죽자 자연스럽게 제4대 임금으로 될 것이라 상상했지만 할아버지 남해차차웅의 사위이자 자신의 고모부인 탈해에게 밀려났다. 탈해니사금이 죽기까지 23년간 인고의 나날을 보내며 재기를 노렸을 그는 박씨 세력 전체의 힘을 모아 탈해의 아들 구추가 임금이 되는 것만은 막았다. 하지만 다시 동생인 파사에게 밀리어 결국엔 임금이 되지 못한 역사의 불운아, 일성의 쓸쓸한 뒤안길이 눈에 아른거린다.

비록 일성의 불운은 있었지만 다시 신라의 임금은 석씨에서 박씨로 돌아왔고, 김부식의 『삼국사기』는 그 과정을 자연스러웠던 것처럼 기술하고 있다. 하지만 어떤 문명, 어떤 국가의 사례를 다 뒤져보아도 성씨가 다른 임금이 즉위하는 것이 그렇게 자연스럽게 이루어지기는 정말 어렵다. 그래서 자연스럽게 이루어진 것처럼 기술한 『삼국사기』의 내용을 있는 그대로 보기가 쉽지 않다. 그 비밀의 실마리를 탈해니사금의 무덤에서 엿볼 수 있다.

제1대 임금인 혁거세거서간과 왕비인 알영이 사릉에 묻혔고, 이어서 제2대 남해차차웅과 제3대 유리니사금과 제5대 파사니사금도 사릉원(蛇陵園) 안에 묻혔다. 그래서 사람들은 지금 그곳을 혁거세거서간과 알영, 남해차차웅과 유리니사금 및 파사니사금이 묻힌 다섯 무덤, 즉 오릉으로 보고 있다. 박씨 계열의 초기 임금 네 명이 모두 묻힌 사릉원은 임금이라면 당연히 묻혀야 할 신성한 묘역으로 여겨졌다고 볼 만한 기록들이다. 그런데 박씨가 아닌 석씨였던 제4대 탈해니사금은 사릉원 안에 묻히지 못했다.

탈해니사금이 묻혔다는 양정구, 말소소정구, 소천구가 어디인지 알 수 없지만 사릉원 안이 아닌 것만은 분명하다. 그래서 20세기 초 석씨 성을 가진 사람들은 사라져버린 자신들의 시조 탈해왕릉을 사릉원인 지금의 오릉이나 그 부근에서 찾지 않았다.

사릉원에 묻히지 않았다는 탈해니사금의 무덤 기록은 어떤 역사적 사실을 전하고 있을까. 박씨 세력이 사릉원에 무덤을 만들지 못하도록 강제로 힘을 썼을 수도 있고, 석씨 세력이 자발적으로 사릉원에 무덤을 만들지 않았을 수도 있다. 어떤 이유에서든 임금이면 당연히 묻혀야 한다고 여겨지던 사릉원 내에 묻히지 않은 것은 역사적으로 흔하게 일어날 수 있는 일이 아니다. 박씨 계열과 석씨 계열이 함께 공존하면서도 경쟁하던 역사의 흔적이 탈해니사금의 무덤 기록으로 남은 것은 아닐까.

석씨 임금이 다시 등장하다

다시 임금의 자리를 회복한 박씨 계열은 제5대 파사니사금(재위: 80~112), 제6대 지마니사금(재위: 112~134), 제7대 일성니사금(재위: 134~154), 제8대 아달라니사금(재위: 154~184)까지 계속 이어진다. 그러다가 184년에 제9대 임금으로 석씨 계열의 벌휴니사금이 갑자기 즉위하는데, 김부식의 『삼국사기』는 그 과정을 짧게 전한다.

제8대 아달라니사금이 죽었는데, 아들이 없어 나라 사람들이 벌휴를 임금으로 옹립하였다. 벌휴는 바람과 구름을 보고 점을 쳐서 물난리가 날지 가뭄이 들지, 풍년이 될지 흉년이 될지를 미리 알았다. 또 사람들의 사악함과 올바름을 알았기에 사람들은 그를 성인(聖人)이라 일컬었다. 벌휴가 성인이라 칭송받을 만큼 뛰어난 능력을 갖고 있었고, 이 때문에 아달라니사금이 아들 없이 죽자 사람들이 벌휴를 임금으로 옹립했다는 것이다. 하지만 전통 사회에서는 아무리 뛰어나다고 하더라도 그것만으로 임금이 될 수 있는 것은 아니다. 김부식의 『삼국사기』는 그의 핏줄에 대해 이렇게 전한다.

벌휴는 성이 석씨였다. 그리고 탈해니사금의 왕자였던 구추 각간의 아들이었고, 어머니는 김씨로 지진내례부인(只珍內禮夫人)이었다. 벌휴는 능력이 뛰어났을 뿐만 아니라 탈해니사금의 핏줄이었기 때문에 사람들이 그를 임금으로 옹립했다는 것을 짧은 가계 기록으로 설명하고 있는 것이다.

그런데 탈해니사금이 80년에 죽었으니 벌휴니사금이 즉위하는 184년과는 104년의 차이가 있다. 벌휴니사금은 탈해니사금의 왕자였던 구추 각간의 아들이니 탈해니사금의 손자라는 뜻인데, 할아버지가 죽을 때와 손자가 임금으로 등극할 때의 차이가 104년이나 나기는 쉽지 않다. 따라서 벌휴가 탈해니사금의 손자라기보다는 그냥 탈해니사금의 자손이라는 의미로 읽으면 될 것 같다.

아무튼 석씨 계열인 벌휴가 신라의 제9대 임금이 될 수 있었던 이유를 생각해보자.

박씨 계열인 제8대 아달라니사금이 아들 없이 죽었고, 벌휴가 제4대 탈해니사금의 자손이었으며, 성인이라 칭송받을 수 있을 정도로 능력이 뛰어났다. 하지만 아달라니사금의 아들이 없었다고 해도 임금의 자리를 이을 그다음의 서열은 형이나 남동생이고, 그다음은 형이나 남동생의 아들이다. 아들 계통의 핏줄이 끊겼다면 여자 형제나 사위로 잇는 것이 순리가 아닐까. 그런데 뜬금없이 제4대 탈해니사금의 자손인 벌휴가 신라의 제9대 임금으로 등극하였다.

아무리 생각해도 벌휴니사금의 등극은 석씨 계열의 힘이 박씨 계열의 힘을 압도하여 강제로 이루어진 것으로 보인다. 다만 역사의 기록에는 강제가 아니라 자연스럽게 이루어진 것처럼 보이도록 꾸며진 것이 아닐까. 이후 박씨 계열이 신라의 임금에 오르는 것은 신라가 멸망하기 직전의 제53대 신덕왕(神德王, 재위: 912~917), 제54대 경명왕(景明王, 재위: 917~924), 제55대 경애왕(景哀王, 재위: 924~927) 세 명이 전부다. 벌휴니사금 이후 석씨 계열은 제13대의 미추니사금(味鄒尼師今, 재위: 262~284)을 제외하면 제16대 흘해니사금(訖解尼師今, 재위: 310~356)까지 약 150년 동안 이어졌다.

탈해,
하늘의 아들이 되다

탈해니사금이 제4대 임금이었고, 그 자손인 석씨 계열의 임금은 제13대를 제외하고 제9대부터 제16대까지 7대나 이어졌다. 그런데 탈해니사금의 핏줄은 신라의 건국 시조 박혁거세에게 이어지지 않는다. 이쯤 되면 역사를 잘 모르는 사람도 짐작되는 것이 하나 있을 법하다. 바로 최초의 석씨 임금인 탈해니사금의 탄생과 성장, 그리고 임금으로의 즉위 과정이 신화로 만들어지는 것이다.

전통 문명 시대 세계 모든 나라의 임금은 그들 정통성의 근원을 직접적이든 간접적이든 하늘과의 연결 관계에서 찾았다. 탈해니사금과 그의 자손으로 임금이 된 일곱 명의 신라 임금 또한 자신들의 정통성을 하늘에서 찾아야 하는데, 핏줄로는 건국 시조이자 하늘의 아들인 박혁거세에게 이어지지 않는다. 그러면 어떻게 해야 할까.

김부식의 『삼국사기』는 전한다.

탈해는 일본의 동북쪽 1천 리쯤 되는 곳에 있는 다파나국(多婆那國)에서 태어났다. 그 나라의 임금이 여인국 임금의 딸과 결혼하여 임신을 한 지 7년 만에 큰 알을 낳았다. 탈해는 사람의 아들이 아니라 알로 상징되는, 지상에 태어난 하늘의 아들이었던 것이다.

신화 속에서 탈해가 원래부터 신라 사람이었다면 그는 분명 하늘의 아들이 될 수 없다. 당시 신라에서 하늘의 아들은 박혁거세 하나뿐이어야 하고, 박씨 계열의 임금만 하늘의 자손이 될 수 있었다. 그래서 탈해의 아버지는 신라가 아닌 일본의 동북쪽 1천 리쯤 되는 곳에 있는 다파나국의 임금으로, 어머니는 여인국 임금의 딸로 등장하였다. 탈해의 탄생은 신라 사람들이 알지도, 가서 확인할 수도 없는 나라에서 벌어진 일로 만들어져야 했다.

그렇더라도 다파나국의 임금이든, 여인국 임금의 딸이든 둘 다 사람이니, 둘이 결혼하여 태어난 탈해 또한 사람이 될 수밖에 없다. 김부식의 『삼국사기』는 탈해가 사람 어머니와 사람 아버지 사이에 태어났지만 결코 사람이 되어서는 안 되었기에, 탈해를 열 달이 아니라 7년 동안 어머니의 배 속에 있게 만들었다. 그리고 자궁을 통해 어머니의 배 속에서 나온 탈해는 사람이 아니라 하늘을 나는 새가 낳는 알이었다. 이렇게 탈해는 하늘의 아들이 되었다.

일연 스님의 『삼국유사』에서는 탈해가 직접 말한다.

"나는 원래 용성국(龍城國) 사람인데, 우리나라에는 스물여덟 명의 용왕(龍王)이 있습니다. 그들은 모두 사람의 배 속에서 태어나 다섯 살, 여섯 살이 되면 임금의 자리에 올라 만백성을 가르쳐 하늘이 준 천성과 명령을 닦고 바르게 합니다. 성씨의 등급이 여덟 개가 있지만 가릴 것 없이 모두 임금의 자리에 올랐습니다. 그때 나의 아버지 함달파(含達婆) 임금이 적녀국(積女國)

임금의 딸과 결혼하여 왕비로 삼았는데, 오랫동안 자손이 없었습니다. 이에 기도하며 제사하여 자식을 구했는데, 7년 후에 하나의 큰 알을 낳았습니다."

김부식의 『삼국사기』와 일연 스님의 『삼국유사』 사이에는 탈해가 태어난 나라와 사람 아버지, 사람 어머니와 관련된 구체적인 내용이 다르다. 하지만 임금인 사람 아버지, 왕비인 사람 어머니 사이에서 태어났음에도 사람이 아니라 하늘을 나는 새가 낳는 알, 결국엔 하늘의 아들이었다는 점에서는 아무런 차이가 없다. 김부식이 참고한 자료든, 일연 스님이 참고한 자료든 탈해는 사람이 아니라 하늘의 아들이었다는 점에서 동일하다. 그런 이야기에는 새로운 석씨 계열의 임금이 하늘의 아들이거나 자손이기를 바라는 신라 사람들의 염원이 담겨 있다.

탈해, 사람의 형상으로 신라에 이르다

김부식의 『삼국사기』는 전한다.

탈해의 아버지인 다파나국의 임금이 말하였다. 사람이 알을 낳아 불길하니 마땅히 그 알을 버려야 한다. 하지만 자식에 대한 무궁무진한 사랑을 가질 수밖에 없는 존재인 어머니는 차마 아버지의 명을 따를 수 없었다. 그렇다고 무턱대고 명을 어길 수도 없기에 어머니는 눈물을 머금고 알을 비단에 쌌고, 어딘가에 도착하여 살아간다면 보탬이 될 보물과 함께 궤짝에 넣어 바다에 띄웠다. 그러고는 소리 없이 눈물을 흘리며 간절히 소망했다.

"얘야, 어디 가서든 꼭 잘 살거라."

궤짝은 처음에 금관국의 바닷가에 가서 닿았으나 그 나라 사람들이 불길하다 여겨서 받아주지 않았다. 그래서 다시 바다를 떠돌았고, 드디어 신라의 아진개[阿珍浦]란 바닷가 마을의 입구에 도착하였다. 그때가 신라의 건국 시조 박혁거세가 즉위한 지 39년이 되는 기원전 19년이었다. 바닷가의 늙은 어미가 그 궤짝을 보고 줄로 잡아당기어 해안으로 끌어올린 후 열어보니 작은 아이 하나가 있었다.

탈해는 어머니의 자궁을 통해서는 알로 태어났지만 궤짝을 타고 바다를 떠돌아다니면서 알을 깨고 사람의 형상이 된 것이다. 만약 신라의 땅에 알의 형상으로 도착했다면 무슨 일이 벌어졌을까. 당시 신라에는 하늘의 아들이어서 알의 형상으로 태어난 박혁거세가 임금으로 있었기에 하늘의 또 다른 아들을 받아들일 수는 없었다. 그래서 탈해는 하늘의 아들인 알로 태어났지만 신라에 도착할 때는 그것을 숨긴 채 사람의 형상으로 바뀌어 있어야 했다.

일연 스님의 『삼국유사』도 표현은 조금 다르나 내용은 별반 다르지 않게 전한다.

가락국 바다 가운데에 어떤 배가 와서 정박했는데, 그 나라 수로왕이 신하와 백성과 함께 북을 치고 기뻐하면서 맞이하였다. 그러고는 장차 그 배를 머무르게 하려 하였으나 배는 곧 쏜살같이 달려서 신라의 동쪽 아랫섯골[下西知村]의 아진개에 이르렀다. 그때 갯가에 한 할멈이 살았다. 이름은 아진의선이었고, 혁거세에게 바닷고기를 잡아 바치는 할멈이었다.

그가 배를 보고 '이 바다에는 바위가 없는데, 어째서 까치가 모여 우는가'라고 말하였다. 그러고는 배를 잡아당겨 살펴보았더니, 까치들이 배 위에 모여 있었고, 배 안에는 길이 12척 너비 13척의 궤짝 하나가 있었다. 그 배를 끌어다 한 나무 아래에 놓았는데, 흉조(凶兆)인지 길조인지 알 수 없었다. 그래서 하늘을 향해 고하고는 궤짝을 열어보니, 단정한 사내아이가 있었고, 더불어 일곱 개의 보물과 노비가 그 안에 가득했다. 7일 동안 잘 대접했더니 사내아이가 이야기를 하기 시작했는데, 그가 탈해였다.

탈해는 아버지인 용성국의 임금과 어머니인 적녀국의 딸 사이에서 알로 태어났음을 말한 후 이야기를 계속 이어갔다.

"임금께서 모든 신하들을 모아놓고 말했습니다. '사람이 알을 낳으니, 이는 고금에 없던 일이라 불길하다.' 그래서 궤짝을 만들어 나를 넣었고, 일곱 개의 보물과 노비들을 배 안에 함께 태워 바다에 띄우면서 기도해주었습니다. '부디 인연이 있는 땅에 도착하여 나라를 세우고 성대한 가문을 이루도록 하라.' 갑자기 붉은 용이 나타나 배를 호위해주어 이곳에 이르렀습니다."

평범한 사람에서 임금으로,
그리고 하늘의 아들로

탈해는 알에서 태어난 하늘의 아들이었지만 이미 하늘의 아들인 박혁거세가 신라를 세웠기 때문에 그것을 공개적으로 주장했다가는 살아남기 힘들었다. 대신 자신이 평범한 사람과는 다른 능력을 갖고 있는 존재임을 자연스럽게 보여주면서 인정을 받아나갔다.

김부식의 『삼국사기』는 말한다.

탈해가 처음에는 고기잡이로 생업을 삼아 길러준 어머니를 부양했는데, 게으른 기색이 전혀 없었다. 어머니가 말했다. 너는 평범한 사람이 아니다. 골격에서 풍기는 인상이 특별하니 마땅히 학문에 종사하여 공을 세우고 이름을 날리도록 하거라. 이에 탈해는 오로지 학문에 정진하였고, 더불어 땅의 장단점을 파악하는 지리를 알게 되었다. 양산 밑 호공의 집을 바라보고는 길지(吉地)라고 여겨 꾀를 내어 그 땅을 빼앗아 살았다. 그 땅은 나중에 월성이 되었고, 남해차차웅이 재위 5년 만인 서기 8년에 이르러 탈해의 현명함을 듣고 자신의 딸과 결혼을 시켰다. 그리고 서기 10년에는 등용하여 대보로 삼고 나라의 일을 맡겼다.

일연 스님의 『삼국유사』는 더 자세하게 말한다.

신라의 땅에 막 도착한 어린아이 탈해가 지팡이를 끌고 두 노비를 거느린 채 토함산 위에 올라가 돌무덤을 만들고 7일을 머물렀다. 그러고는 성 안에서 살 만한 땅이 있는지 살펴보니 산봉우리 하나가 보였는데 마치 초사흗날 뜨는 초승달 같아 오랫동안 살 만한 땅이었다. 이에 산을 내려가 그곳을 찾아보니 곧 호공(瓠公)의 집이어서 이내 꾀를 내었다. 그 집 곁에 몰래 숫돌과 숯을 묻어놓고는, 이튿날 아침에 그 집 문 앞에 이르러 외쳤다.

"이곳은 우리 조상이 대대로 살던 집이다."

호공은 무슨 소리냐며 탈해의 주장을 부정하였고, 둘의 주장이 결판나지 않자 곧 관에 보고되었다. 관리가 탈해에게 무엇으로 너의 집이었는지 증명할 수 있느냐고 물었다. 그러자 탈해가 대답했다.

"나는 원래 대장장이였는데, 이웃 고을로 잠시 나가 있었더니 다른 사람이 그곳을 취해 살고 있었소. 땅을 파서 살펴보기를 바랍니다."

탈해의 요청을 따라 그곳을 파보니 과연 숫돌과 숯이 나왔고, 이에 탈해가 그곳을 취해 살게 되었다. 그때 신라의 제2대 임금인 남해차차웅이 탈해가 지혜로운 사람임을 알게 되어 첫째 공주와 결혼을 시켰는데, 그 공주가 아니부인(阿尼夫人)이었다.

박씨 계열이 아닌 석씨 계열의 탈해는 평범한 사람의 능력을 뛰어넘는 지혜를 인정받아 남해차차웅의 사위가 되었다. 이후 출세의 탄탄대로를 걸어 결국엔 신라의 제4대 임금인 탈해니사금이 되었고, 그의 자손들은 제9대 벌휴니사금, 제10대 내해니사금, 제11대 조분니사금, 제12대 첨해니사금, 제14대 유례니사금, 제15대 기림니사금, 16대 흘해니사금으로 등극하였다. 하늘에서 자신들의 정통성을 새롭게 찾아야 하는 석씨 계열 임금들의 잇따른 등장은 석씨 계열 최초의 임금인 탈해를 사람으로 보아서는 안 되는 강력한 동력이 되었다. 그 동력은 탈해를 박혁거세와 동급인 하늘의 아들로 격상시키는 신화 속의 인물로 재탄생시켰다.

4

알지, 신라에 하늘의 아들이 세 번째로 내려오다

◎

김씨 계열의 임금이 등장하다

262년 12월 28일 석씨 계열의 다섯 번째 임금인 첨해니사금이 재위 15년 만에 갑자기 병이 들어 사망하자 뜬금없이 김씨 계열의 제13대 미추니사금이 즉위한다.

김부식의 『삼국사기』는 그 이유를 간단히 전한다. 첨해니사금이 아들 없이 죽었기 때문에 나라 사람들이 미추를 임금으로 세웠고, 이는 김씨가 나라를 갖게 된 시초가 되었다.

일연 스님의 『삼국유사』도 미추니사금의 즉위 과정을 간단하게 전한다. 집안이 대대로 높은 벼슬을 역임했고, 또 미추에게 성스러운 덕이 있어 첨해니사금에게 선위를 받아 김씨로서는 처음으로 임금의 자리에 올랐다.

미추니사금의 왕비는 제11대 조분니사금의 딸이다. 조분니사금의 동생인 제12대 첨해니사금이 아들 없이 죽자 나라 사람들이 성스러운 덕이 있다고 여긴 조분니사금의 사위 미추를 임금으로 추대한 것이다. 석씨 계열의 탈해니사금도 제2대 남해차차웅의 사위였기에 제4대 임금이 될 수 있었던 것과 비슷하다. 그런데 죽은 뒤의 상황도 비슷하다.

재위 24년 만인 80년에 탈해니사금이 죽었는데 그 아들이 아니라 박씨 계열인 제3대 유리니사금의 아들 파사니사금이 즉위하였다. 재위 23년 만인 284년에 미추니사금이 죽었을 때도 그 아들이 아니라 석씨 계열인 제11대 조분니사금의 아들 유례니사금이 즉위하였다. 박씨에서 석씨로 그리고 다시 박씨로, 석씨에서 김씨로 그리고 다시 석씨로, 임금의 성씨 교체 과정이 너무 비슷한데, 이것만이 아니다.

탈해니사금에 이어 박씨 계열의 임금이 제5~8대를 즉위하였고, 제8대 아달라니사금이 아들 없이 죽자 제9대 벌휴니사금이 석씨 계열의 임금으로 다시 즉위하였다. 이후 신라 전기 동안 박씨 임금은 다시는 등장하지 않았다. 미추니사금에 이어 석씨 계열의 임금이 제14~16대를 즉위하였고, 제16대 흘해니사금이 아들 없이 죽자 제17대 내물니사금이 김씨 계열의 임금으로 다시 즉위하였다. 이후 석씨 임금은 신라가 멸망할 때까지 다시는 등장하지 않았다.

제53대부터 제55대까지 세 명의 박씨 임금을 제외하면 제17대 내물니사금부터 마지막의 제56대 경순왕까지 신라는 김씨 임금의 나라가 되었다. 그런데 김씨 임금 부계의 혈통이 하늘의 아들인 박씨 계열의 혁거세거서간이나 석씨 계열의 탈해니사금에게 연결되지 않는다. 그렇다면 무슨 일이 벌어져야 할까. 탈해니사금에게서 비슷한 사례를 경험했으니 쉽게 짐작하고도 남을 만하다. 김씨 계열의 임금 또한 당연히 하늘의 자손이어야만 한다.

김씨 최초의 임금,
미추니사금의 묘 미추왕릉

김부식의 『삼국사기』가 전하는 미추니사금의 마지막 기록은 간단하다. 재위 23년 만인 284년 10월에 죽자 대릉(大陵)에 장사 지냈다. 평범한 기록이기에 눈에 띌 것이 별로 없다.

경주를 가본 사람이라면 누구에게나 미추니사금이 묻혔다는 대릉이 귀에 익는다. 경주 시내 신라의 무덤군 중 유일하게 입장료를 내고 들어가서 보는 곳이 바로 대릉원이다. 남쪽의 매표소에서 가장 가까운 곳에 미추니사금의 무덤인 미추왕릉이 있다. 미추니사금이 대릉에 묻혔다는 기록을 따서 그곳을 대릉원(大陵苑)이라 이름 붙인 것이다.

높이가 12.4미터이고 둥근 밑변의 지름이 56.7미터라고 하니

미추왕릉 상석(출처: 국가문화유산포털)

신라 최대의 고분 황남대총 전경(출처: 국가문화유산포털)

꽤 크다. 하지만 높이가 23미터, 남북과 동서의 지름이 120미터와 80미터인 황남대총과 한 구역에 있으니 상대적으로 단아해 보인다. 김씨 최초의 임금 무덤이기 때문에 경주 김씨 가문에서 담장을 치고 남쪽에 삼문(三門)을 만들어 그곳으로만 드나들 수 있게 하였다. 다만 담장이 높지 않아 밖에서도 무덤의 모습을 보는 것이 그리 어렵지는 않다.

나는 미추왕릉 앞에 서서 생각해본다. 신라인들은 김씨 최초의 임금인 미추니사금에게 하늘의 아들이라는 신화를 만들어 선물해주었을까. 박씨 최초의 임금인 혁거세거서간과 석씨 최초의 임금인 탈해니사금의 사례를 보면 충분히 그래야만 했을 것 같은데, 과연 어땠을까. 뻔한 역사 여행이 될까, 아니면 급반전의 새로운 역사 여행이 될까. 자꾸 궁금해진다.

미추니사금의 혼령,
신비한 능력을 갖추다

문명사적 관점에서 볼 때 총 38명이나 있었던 김씨 계열의 임금 모두 하늘의 자손이어야 한다. 그리고 그렇게 되기 위해서는 김씨 계열의 첫 번째 임금인 제13대 미추니사금이 하늘의 아들이라는 신화가 만들어지는 것이 일반적인 상식이다. 하지만 김부식의 『삼국사기』 어디에도 미추니사금이 하늘의 아들이라는 신화는 보이지 않는다. 신기하지 않을 수 없다. 그렇다면 원래 그런 신화가 있었는데 김부식의 『삼국사기』가 실수로 빼먹은 것일까.

일연 스님의 『삼국유사』는 미추니사금과 관련된 신비한 능력 이야기를 '미추왕죽엽군(味鄒王竹葉軍)'이란 제목으로 전한다.

제14대 석씨 임금인 유례니사금 때 이서국(伊西國) 사람들이 쳐들어와 신라의 임금이 사는 서라벌[金城]을 공격하였다. 신라에서도 병사를 크게 일으켜 방어했지만 오랫동안 버틸 수 없는 형세였다. 그런데 갑자기 이상한 병사들이 나타나 도와주었다. 모두 대나무의 이파리를 귀에 꽂고 있었다. 그들이 신라군과 더불어 힘을 합해 적을 공격하여 패퇴시켰다. 적들이 물러간 후 그 병사들이 어디로 돌아갔는지는 알 수 없었다. 단지 대나무 이파리가 미추니사금의 무덤 앞에 수북이 쌓여 있는 것만 보였다. 이에 미추니사금이 몰래 도와준 공덕이 있음을 알고는 그의 무덤을 '대나무가 나타난 무덤'이란 뜻의 죽현릉(竹現陵)이라 부르게 되었다.

일연 스님의 『삼국유사』는 미추니사금 관련 이야기를 하나

더 전해준다. 이야기가 조금 긴 편이니 줄여보겠다.

제36대 임금인 혜공왕 시절, 백제와 고구려 정벌에 가장 많은 공을 세웠던 김유신(金庾信, 595~673)의 자손이 죽임을 당하였다. 그러자 779년 4월에 갑자기 회오리바람이 일고 김유신의 혼령이 40명 정도의 군사와 함께 죽현릉으로 들어가 미추니사금의 혼령에게 자기 자손의 죽음이 억울하다며 호소하였다. 그런데 말이 호소지 김유신의 혼령은 억울해서 자신이 몸 바쳐 충성했던 나라 신라를 아예 떠나버리겠다고 협박조로 이야기하였다. 이에 미추니사금의 혼령이 적극 설득하면서 세 번이나 청한 것을 들어주지 않자 회오리바람은 곧 잦아들었다.

어떤 사람이 이 사건을 혜공왕에게 전해 올리니, 혜공왕이 두려워하며 신하 김경신을 김유신의 무덤에 보내 김유신 자손의 죽음에 대해 진정 어린 사과를 하였다. 그러고는 김유신의 공덕을 기리는 땅 30결을 취선사(鷲仙寺)에 내려 명복을 빌게 해주었다.

사람들은 미추니사금의 혼령이 아니었다면 김유신의 노여움을 막지 못해 그가 신라를 떠나고 신라는 망하는 길로 들어섰을지도 모르겠다고 생각하였다. 그러고는 그의 무덤에 대한 제사를 신라에서 가장 크게 제사지내는 세 개의 산과 똑같이 대우하였고, 무덤 중에서는 건국 시조 박혁거세가 묻힌 오릉보다도 더 높게 여기며 대묘(大廟)라 부르게 되었다.

두 이야기는 미추니사금이 죽었음에도 위험에 처한 신라를 도와줄 수 있는 능력을 지닌 신비한 존재임을 말해주려고 만들어진 이야기다. 그런데 이왕 만들 거면 그를 하늘의 아들로 해줄 수도 있지 않았을까. 하지만 죽어서 무덤 속에 누워있는 미추니사금의 혼령이 갖고 있는 능력을 이야기할 뿐, 두 이야기 어디에도 그가 하늘의 아들임을 암시하는 문구는 전혀 없다.

하늘의 아들이 되지 못한 시조(始祖), 미추니사금

일연 스님은 미추니사금이 하늘의 아들로 추앙받았을 가능성도 있다고 여겼다. 『삼국유사』의 미추왕죽엽군(味鄒王竹葉軍)의 가장 앞쪽에서 일연 스님이 직접 말한다.

지금 세상에서 미추니사금의 무덤을 시조당(始祖堂)으로 말하는데 김씨로서는 처음으로 임금의 자리에 올랐기 때문이다. 후대의 김씨 임금들 모두가 미추니사금을 시조로 여겨온 것은 내 생각에 마땅하다.

미추니사금의 무덤을 시조의 사당이란 뜻의 시조당이라 말하고, 후대의 김씨 임금들 모두가 미추니사금을 시조로 여겼다. 여기까지만 들으면 후대의 모든 김씨 임금들에게 하늘의 자손이라는 정통성을 부여하기 위해서라도 그 시조인 미추니사금은 당연히 하늘의 아들이 되어야 한다. 아마 일연 스님도 그렇게 생각하여 후대의 김씨 임금들 모두가 미추니사금을 시조로 여겨온 것은 '마땅하다'고 판단한 것이다.

하지만 미추니사금을 하늘의 아들로 만들고 싶어 했던 신라인들의 염원은 여기서 딱 멈추었다. 일연 스님은 미추왕죽엽군의 가장 앞쪽에 제13대 미추니사금은 김알지의 7대손이라고 써주었다. 미추니사금이 김알지란 사람 조상의 7대손이라고 하니, 그는 사람 아버지가 없는 하늘의 아들일 수 없는 것이다.

김부식의 『삼국사기』는 이렇게 전한다.

미추니사금의 선조는 알지인데, 계림(鷄林)에서 태어났다. 탈해니사금이 알지를 거두어 궁 안에서 키웠고, 나중에 국가 최고의 벼슬인 대보로 삼았다. 알지(閼智)가 세한(勢漢)을 낳고, 세한이 아도(阿道)를 낳고, 아도가 수류(首留)를 낳고, 수류가 욱보(郁甫)를 낳고, 욱보가 구도(仇道)를 낳으니 구도가 곧 미추의 아버지이다.

미추니사금의 아버지 구도는 김부식의 『삼국사기』에 172년부터 190년까지 다섯 번이나 등장한다. 벼슬도 신라의 17등 중에서 위로부터 네 번째로 높은 파진찬(波珍飡)이었고, 그의 딸이 제11대 조분니사금의 어머니다. 구도의 아들인 제13대 미추니사금이 조분니사금의 사위이니 누나의 딸과 미추니사금이 결혼을 한 것이다. 미추니사금은 아버지도 사람이고, 누나도 사람인 것이 기록으로 확인되는 것이다.

미추니사금의 아버지 구도는 역사 기록 속에 엄연히 등장하는 사람이니, 미추니사금을 하늘의 아들로 만들기는 정말 쉽지 않았으리라. 만약 미추니사금을 하늘의 아들로 만들고 싶다면 사람 아버지인 구도를 신라인들의 집단 기억 속에서 지워야 하는데 그건 정말 어려운 일이다. 그래서 신라인들의 집단 기억 속에서 추적되지 않을 때까지 미추니사금의 부계 혈통을 찾아 최대한 올라가니 그 끝에 알지가 있었다.

알지,
하늘의 아들로 태어나다

경주의 대릉원 앞에서 남쪽을 바라보면 무성한 숲이 하나 보인다. 경주에 가면 대부분의 사람들이 들르는 계림이다. 수백

년은 족히 되었을 느티나무 군락 안에 고즈넉한 흙돌담으로 둘러싸인 계림비각이 있다. 아주 먼 옛날 이곳에서 무슨 일이 벌어졌기에 온돌의 아궁이가 온 산의 나무를 집어삼켜 민둥산으로 만들던 그 시절에도 울창한 숲으로 보호되어 지금도 많은 이들의 발길을 붙잡을까.

김부식의 『삼국사기』가 전한다.

서기 66년 3월, 탈해니사금이 밤에 서라벌 서쪽 시림(始林)의 나무 사이에서 닭이 우는 소리를 들었다. 날이 새자 호공을 보내 그곳을 살펴보게 했더니 금빛 작은 궤짝이 나뭇가지에 걸려 있었고, 흰 닭이 그 아래에서 울고 있었다. 호공이 돌아와 보고하였고 임금이 사람을 시켜 궤짝을 가져와 열어보게 하였더니 그 안에 용모가 뛰어난 작은 남자아이 하나가 있었다.

임금이 기뻐하며 신하들에게 말하였다. 이것이 어찌 하늘이 나에게 그 아드님[令胤]을 보내준 것이 아니겠는가. 그러고는 그 아이를 양아들로 거두어 길렀는데, 장성하면서 총명하고 지략이 많았다. 이에 알지라 이름 짓고, 금궤(金櫃)에서 나왔기 때문에 성을 김씨(金氏)로 하였다. 그러고는 시림을 계림으로 고치고는 나라의 이름[國號]으로 삼았다.

약 2천 년 전, 계림에서는 하늘의 아들 알지가 금빛 작은 궤짝을 타고 하늘에 맞닿을 듯 우뚝 솟았을 거목의 가지에 내려와

김알지의 탄생 설화의 배경이 되는 경주 계림(출처: 국가문화유산포털)

세상 사람들이 맞이하길 기다리고 있었다. 그리고 상서로운 흰 닭이 목청 높여 울부짖으며 이 땅의 어둠을 뚫고 새벽을 열어줄 하늘의 아들이 내려왔음을 온 세상 사람들에게 알렸다. 금궤에서 꺼낸 알지를 본 탈해니사금이 가감 없이 단도직입적으로 이야기했다. 알지 너는 하늘이 보내준 아드님이다.

알지의 자손들이 임금으로 즉위하여 신라가 김씨의 나라가 되면서 그들의 시조 알지가 태어난 그곳은 신성한 공간으로 바뀌었다. 하늘의 아들 알지가 세상에 왔음을 목청 높여 울부짖으며 알려준 흰 닭을 기리며 시림이란 이름을 닭숲이란 뜻의 계림으로 바꿨다. 그러고는 그 숲의 이름 계림을 신라라는 나라의 이름 중 하나로 당당하게 등록시켰다.

일연 스님의 『삼국유사』는 하늘의 아들 알지가 태어난 광경을 더 극적으로 전한다.

탈해니사금이 재위하던 서기 60년 8월 4일, 호공이 밤에 월성 서쪽의 마을을 지나가는데, 시림 가운데에서 큰 광명의 빛이 자주색 구름 사이로 하늘로부터 땅에 드리워진 것을 보았다. 구름 속에는 황금빛 궤짝이 나뭇가지에 걸려 있었고, 빛이 궤짝으로부터 흘러나왔으며, 또한 흰 닭이 나무 아래에서 울고 있었다.

호공이 본 그대로 임금에게 보고하니 임금이 직접 그 숲으로 가서 궤짝을 열어보았다. 그러자 남자아이가 누워 있었는데, 곧

바로 일어났다. 혁거세거서간이 태어난 것과 흡사하여 그 아이에게 알지라는 이름을 지어주었다. 알지는 신라의 말로 작은 아이를 일컫는다. 임금이 아이를 안고 궁궐로 돌아오니 새와 짐승이 서로 따르며 기쁘게 뛰면서 춤추었다.

임금이 길일을 택해 태자로 삼았는데, 나중에 임금의 자리를 파사에게 양보하여 임금의 자리에 오르지는 않았다. 금궤에서 태어났기 때문에 성을 김씨로 하였다. 알지는 세한(歲寒)을 낳고, 세한은 아도(我都)를 낳고, 아도는 수류(首留)를 낳고, 수류는 욱부(郁部)를 낳고, 욱부는 구도(仇道)를 낳고, 구도는 미추(味鄒)를 낳고, 미추가 임금의 자리에 오르니 신라 김씨는 알지로부터 시작되었다.

알지는 하늘로부터 광명의 빛이 자주색 구름 사이로 뻗어내려 시림 숲속의 나뭇가지에 걸린 황금빛 궤짝을 타고 신라의 땅으로 내려왔다. 알지가 하늘의 아들임을 이보다 더 극적으로 표현할 수 있을까. 땅의 어둠을 뚫고 새벽을 열어줄 하늘의 아들 알지가 세상에 내려왔음을 큰 울부짖음으로 세상에 알린 흰 닭의 조연 역할도 훌륭하다. 게다가 알지의 탄생을 하늘의 아들로 태어나 신라를 건국한 혁거세거서간의 신화에 견주고 있다.

일연 스님의 『삼국유사』는 김부식의 『삼국사기』가 전하지 않는 이야기도 들려준다. 탈해니사금이 알지를 태자로 삼았는데,

알지가 임금의 자리를 박씨 계열의 파사에게 양보했다는 것이다. 태자 알지의 큰 양보가 있었기에 그의 자손 미추가 제13대 임금이 될 수 있었고, 결국엔 총 38명이나 되는 김씨 계열의 신라 임금이 나타날 수 있었다는 믿음이 은유적으로 담겨 있다.

5

신라
육두품의 시조도
하늘에서 내려왔다

◎

설계두의
꿈과 죽음

신라 진평왕(眞平王, 재위: 579~632)과 선덕여왕(善德女王, 재위: 632~647) 때의 인물인 설계두(薛罽頭, ?~645)의 설움을 김부식의 『삼국사기』는 이렇게 전한다.

설계두는 신라에서 벼슬하는 집안의 자손이었다. 젊은 시절, 친구 넷과 함께 모여 건하게 술을 마시며 각자 자신의 포부에 대해 말하는 자리를 가졌다. 그때 설계두가 불만스런 어투로 말하였다. "이 나라에서는 인재를 등용할 때 골품(骨品)을 따지기 때문에 진실로 그 족속이 아니면 비록 뛰어난 재주와 걸출한 공이 있어도 뛰어넘을 수가 없단 말이야."

불만을 다 토로한 설계두는 자기가 앞으로 어떻게 할 것인지 포부도 말하기 시작했다. "나는 서쪽으로 당나라에 가서 불세출의 지략을 펼치고 큰 공을 세워 내 능력으로 영광스런 관직에 오를 거야. 그러고는 고관대작의 옷을 입고 칼을 찬 채 당나라 황제의 곁을 수시로 출입할 수 있는 사람이 되는 것, 그게 내 꿈

이야."

서기 621년, 드디어 설계두는 자신의 꿈을 실현하기 위해 몰래 상선을 타고 당나라로 들어갔다. 645년에 당 태종이 고구려를 친히 정벌하는 일이 생겼고, 설계두는 자진 지원하여 과의(果毅)라는 무관이 되었다. 요동에 이르러 주필산 아래에서 고구려군과 싸웠는데, 고구려군 깊숙이 들어가 치열하게 싸우다 죽으니 그 공(功)이 1등이었다.

그 모습을 본 당 태종이 누구냐고 물으니 신하들이 신라 사람 설계두라고 아뢨다. 당 태종이 눈물을 흘리면서 말했다. "우리나라 사람도 오히려 죽음을 두려워하며 형세를 관망한 채 앞장서지 않는데, 외국 사람이 우리를 위해 죽었으니 그 공을 어떻게 갚아주겠는가?" 시종하는 사람에게 물어 설계두의 평생 소원을 듣고는 자신의 옷을 벗어 그의 주검을 덮어주었다. 그러고는 대장군의 벼슬을 추증하고 예로써 장례를 치루어주었다.

유학파 수재
최치원의 꿈과 좌절

경부고속도로의 경주나들목을 나와 4~5분 남짓 서라벌대로를 달리다 보면 남산 끝자락의 길가 오른쪽 언덕 위에 상서장(上書莊)이 있다. 주차장에 차를 세워 내리면 급경사의 긴 계단이 나오고, 그 길을 오르면 추모문(追慕門)이 있다. 그리고 그곳을 들어가면 정면 다섯 칸의 상서장이 있고, 그 뒤에 정면 세 칸의 영정각(影幀閣)이 있다.

상서장. 한글로만 읽으면 무슨 뜻인지 쉽게 다가오지 않는다. 상서(上書)는 '글을 써서 임금에게 바친다'는 뜻이고, 장(莊)은 요즘 말로 하면 별장을 가리킨다. 누군가 글을 써서 임금에게 바친 별장인데, 그 주인공은 신라 말 최고의 학자로 알려진 최치원(崔致遠, 857~?)이다.

최치원은 요즘 말로 하면 미국 유학파 수재다. 열두 살에 당나라로 유학을 떠났다. 그리고 열여덟 살인 874년에 당나라의 과거에 급제하여 벼슬살이를 시작한다. 황소의 난(875~884) 때는 종사관(從事官) 서기(書記)로 참전하여 훌륭한 글을 많이 지었다. 스물여덟 살 때인 885년에 당나라의 사신으로 고국 신라

상서장(출처: 국가문화유산포털)

에 왔고, 망해가는 신라를 다시 세우고자 당나라로 돌아가지 않았다.

최치원은 중앙 관직에서 자신의 뜻을 실현하고 싶었지만 기득권 세력의 시기를 받아 지방 관직인 대산군-천령군-부성군의 태수(太守)로 나갔다. 서른여덟 살인 894년에 시급하게 처리해야 할 정책 10여 개를 지어 진성여왕(眞聖女王, 재위: 887~897)에게 올렸다. 진성여왕은 최치원의 정책을 보고는 기뻐하여 그를 아찬(阿飡)으로 삼았지만 제대로 실현되지는 못했다.

최치원의 나이 마흔한 살인 897년에 진성여왕이 조카에게 임금의 자리를 양보하여 효공왕(孝恭王, 재위: 897~912)이 들어서자 그는 갑자기 정치의 무대에서 사라졌다. 신라의 정치가 더 이상 가능성이 없다고 판단하여 과감하게 관직을 던져버린 것이다. 그러고는 경주의 남산, 영주의 빙산, 합천의 청량사, 지리산의 쌍계사, 창원의 별장 등 전국의 산천을 떠돌며 글짓기와 교육에 전념하다 조용히 하늘나라로 떠났다.

상서장이란 이름이 진성여왕에게 시급하게 처리해야 할 정책 10여 개를 지어 바쳤기 때문에 붙은 것처럼 오해할 수 있는데, 실은 그것이 아니다. 고려의 신하 최자(崔滋, 1188~1260)의 『보한집(補閑集)』은 전한다.

왕건이 세력을 떨치던 후삼국시대, 최치원은 비상한 인물이 나타나 하늘의 명을 받아 새로운 나라를 열 것이라 생각하였다. 그래서 왕건에게 글을 써서 올렸는데, '계림은 누른 잎이요, 곡령(鵠嶺)은 푸른 소나무구나'라는 문구가 있었다. 곡령은 송악산의 또 다른 이름으로 고려를 가리킨다. 신라는 망해가는 누른 잎이고, 고려는 후삼국을 통일하여 번성할 소나무라는 뜻이다.

신라의 임금이 그것을 듣고는 크게 노하자 최치원은 가족을 데리고 가야산 해인사에 들어가 은거하다가 생을 마감하였다. 신라 사람들은 왕건에게 올린 글 속에 최치원의 현명함이 들어 있음을 깨닫고는 깊이 감동하여 그가 살던 집을 상서장이라 이름 붙였다. 이후 고명한 선비인 이능봉, 오세재, 안순지가 서로 이어가며 그 집에 살았다.

고려의 신하 최자는 신라를 다시 세우고자 노력했던 최치원이 아니라 고려의 후삼국 통일과 번영을 예언한 불우한 학자 최치원에게 더 관심이 갔던 것이다. 고려의 제8대 임금 현종(顯宗, 재위: 1009~1031)은 최치원이 은밀하게 왕건의 후삼국 통일을 도운 공이 높다고 하여 그에게 종1품의 높은 관직인 내사령(內史令)의 벼슬을 추증하였고, 나라에 공이 있는 사람들에게 죽은 후 내리는 시호(諡號)로 문창후(文昌侯)란 이름을 지어주었다.

진골과 육두품의 차이

신라사 연구자들은 설계두의 불만 속에서 나온 골품이란 용어를 보고 신라의 신분제 이름을 골품제(骨品制)라고 붙였다. 여기서 골(骨)은 진골을, 품(品)은 육두품(六頭品)을 가리킨다. 설계두는 육두품 신분이었고, 신라의 관리 등용에서 개인의 능력만으로는 도저히 넘을 수 없는 진골과 육두품 사이의 벽을 뛰어넘어 출세하고 싶어서 당나라로 건너갔다.

물론 골품제에는 진골과 육두품만 있었던 것이 아니다. 육두품 밑에 오두품(五頭品)과 사두품(四頭品)이 있었고, 육두품과 오두품 사이, 오두품과 사두품 사이에도 개인의 능력만으로는 넘을 수 없는 벽이 있었다.

요즘 공무원들은 9급에서 1급까지 총 아홉 개의 직급이 있는데, 신라에는 이것이 17개의 관등으로 되어 있었다. 가장 낮은 17위 관등의 이름이 조위(造位)였고, 가장 높은 1위 관등의 이름이 이벌찬(伊伐飡) 또는 각간이었다. 백제와 고구려 정벌에 엄청난 공이 있는 김유신에게 각간 위의 대각간(大角干)과 태대각간(太大角干)을 임시로 부여했지만 그것은 말 그대로 임시 조치였을 뿐이다.

17개의 관등 중 진골 신분은 1위까지 다 올라갈 수 있었다. 반면에 육두품은 6위 아찬까지, 오두품은 10위 대내마까지, 사두품은 12위 대사까지만 올라갈 수 있었다. 그리고 신라에는 수많은 관직이 있었는데, 각 관직마다 그것을 할 수 있는 관등의 범위가 설정되어 있었다.

진골이야 능력만 갖추고 있다면 모든 관등에 오를 수 있었듯이 요즘의 총리와 장관 등 가장 높은 관직까지 다 할 수 있었다. 반면에 가장 높은 6위의 아찬까지 올라간 육두품이라고 하더라도 할 수 있는 최고의 중앙관직은 요즘의 차관이며, 최고의 지방 관직은 요즘의 광역자치단체장을 보좌하는 부시장 또는 부지사, 기초자치단체장인 시장 · 군수 · 구청장이었다.

당나라 유학파 수재 최치원이 했던 벼슬로 가장 높은 것은 대산군-천령군-부성군의 태수였다. 그리고 최치원의 정책 건의에 기뻐하여 진성여왕이 내려준 관등은 제6위의 아찬이었다. 관등으로서 아찬은 육두품이 올라갈 수 있는 가장 높은 것이었고, 관직으로서 기초자치단체장인 태수 또한 육두품이 올라갈 수 있는 가장 높은 지방 관직 중 하나였다. 최치원은 당나라 유학파 수재였지만 아무리 그래도 신라에서는 육두품 출신의 수재였을 뿐이다.

진골과 성씨

신라에는 최고 신분인 진골의 성씨로 박(朴) · 석(昔) · 김(金) 세 개의 성씨가 있었다. 모두 임금의 자리에 올랐던 성씨다. 박씨는 제1~3대, 제5~8대, 제53~55대 등 10명의 임금을, 석씨는 제4대, 제9~12대, 제14~16대 등 8명의 임금을, 김씨는 제13대, 제17~52대, 제56대 등 38명의 임금을 배출하였다.

진골(眞骨)을 풀어 쓰면 '참 뼈대'다. 어렸을 때 '뼈대 있는 가문'이란 소리를 많이 들었는데, '참 뼈대'인 진골은 '뼈대 있는 가문 중에서도 뼈대가 있는 가문'인 것이다. 참 뼈대 진골은 신성한 핏줄을 타고 태어난 사람들을 상징하며, 그들이 그렇게 신성한 핏줄을 가지고 태어났다고 인정받을 수 있었던 이유는 단 하나다. 아버지에서 아들로 이어지는 부계 혈통의 조상 중 임금을 해봤던 조상이 있었기 때문이다.

조상 중에서 신라의 임금이 되지 못했음에도 참 뼈대 진골이었던 가문의 사람들이 있었다. 바로 김유신 가문이다. 김유신의 아버지는 김서현이고, 할아버지는 김무력이며, 증조할아버지는 금관가야의 마지막 임금인 구해왕이었다. 부계 혈통만 따지면

김유신은 금관가야의 진골은 될 수 있지만 신라의 참 뼈대 진골은 될 수 없었다.

가야 중에서 가장 강했던 고령의 대가야는 신라에게 끝까지 저항하며 독립을 유지하려 하였다. 그래서 신라는 562년(진흥왕 23년)에 대군을 동원하여 대가야를 멸망시켰다. 이것은 신라가 정복했다는 의미인데, 정복민이 피정복민을 동등하게 대우할 리 없다. 그래서 대가야 임금의 자손들은 아무리 임금의 자손이었다 하더라도 참 뼈대인 진골로 받아주지 않았다.

금관가야는 달랐다. 신라가 대군을 동원하지 않았는데도 532년(법흥왕 19년)에 스스로 항복해왔다. 신라에게 아무런 피해도 입히지 않고 금관가야의 땅을 차지할 수 있게 만들어준 대가로 마지막 임금과 그 자손들에게는 특별 대우가 뒤따랐다. 비록 신라의 임금은 아니었지만 너희도 임금을 해봤던 조상의 혈통을 갖고 있으니 참 뼈대 진골의 신분을 가질 수 있게 해주노라. 이렇게 말이다.

육두품과 성씨

요즘의 공무원으로 따져볼 때 육두품이 오를 수 있는 관등과 관직은 결코 낮은 것이 아니었다. 하지만 진골에 비해 분명한 차별을 받는 두 번째의 지배 신분이었을 뿐이다. 그래서 성씨의 사용에서도 진골의 성씨인 박·석·김 세 개의 성씨는 육두품 누구도 사용할 수 없었다. 대신 신라의 육두품 성씨로는 이(李)·최(崔)·손(孫)·정(鄭)·배(裵)·설(薛) 여섯 개가 있었고, 신라의 인물 중 이·최·손·정·배·설의 성을 갖고 있다면 그의 신분은 육두품이었다.

육두품이 성씨를 사용했다는 사실 자체만 보면 별로 특이한 것이 아니다. 육두품이 아무리 개인의 능력으로는 진골의 벽을 뛰어넘을 수 없는 한계를 갖고 있었다고 하더라도 요즘의 차관이나 광역자치단체의 부시장 또는 부지사, 기초자치단체장까지 할 수 있었던 두 번째로 높은 지배신분이었으니, 부계 혈통을 따지는 성씨를 사용하는 것은 당연하고 자연스럽게 보인다. 하지만 오두품, 사두품까지 비교의 대상을 넓히면 이야기가 달라진다.

오두품과 사두품은 평민이나 천민이 아니었다. 진골은 물론이고 육두품보다 낮은 신분이었지만 오두품은 17개의 관등 중 10위 대내마까지, 사두품은 12위 대사까지 올라가 그에 합당한 관직에 진출할 수 있는 지배 신분이었다. 조선시대라면 양반 밑의 중인 신분이었다고 볼 수 있는데, 중인은 물론이고 평민까지 성씨를 사용한 조선시대라면 오두품과 사두품은 당연히 성씨를 사용할 수 있다. 하지만 놀랍게도 그렇지 않았다. 신라에서 오두품과 사두품의 신분은 성씨를 사용하지 못하고 이름만 쓸 수 있었다.

신라에는 당나라를 오가면서 성씨를 갖게 된 장보고와 같은 아주 예외적인 사례를 제외하면 성씨로 진골의 성씨인 박·석·김 세 개와 육두품의 성씨인 이·최·손·정·배·설 여섯 개 등 아홉 개밖에 없었다. 성씨라는 측면에서 육두품은 분명히 특권을 가지고 있는 신분이었으며, 그래서 뭔가 특별한 이유가 있었을 것이라는 상상이 저절로 날 만한 신분이다.

양산재,
여섯 마을의 촌장을 모시다

박혁거세 탄생 신화의 현장인 나정 바로 동북쪽으로 200미터쯤 떨어진 곳에 양산재(楊山齋)가 있다. 1970년에 세운 것이기 때문에 신라의 유적이라 볼 수는 없다. 그래서 경주를 찾는 사람들의 발길이 별로 향하지 않는다. 하지만 박혁거세의 신화만큼 중요한, 신라 건국의 또 다른 뿌리 하나를 만나볼 수 있는 곳이다.

'큰 덕이 있는 곳을 들어가는 문'이란 뜻의 외삼문인 대덕문(大德門)을 지나면 양쪽에 동재와 서재가 있다. 그리고 정면으로 '널리 이롭게 하는 문'이란 뜻의 내삼문인 홍익문(弘益門)을 지나면 '덕을 세운 분들을 제사 지내는 사당'이란 뜻의 입덕묘(立德廟)가 있다. 그 안에는 기원전 57년 하늘의 아들 박혁거세를 신라의 첫 번째 임금으로 추대한 여섯 마을 촌장들의 위패가 모셔져 있고, 매년 음력 8월 23일 경주시장이 주재하는 제사가 거행된다.

여섯 마을의 촌장들이 신라에 '덕을 세워' '널리 이롭게 했기에' '큰 덕이 있는 성인'이라 여기는 마음이 양산재의 건물 이름에 짙게 배어 있다. 그리고 제사 때 함께 참여하는 사람들이 여섯 마을 촌장의 후예라 자처하는 이 · 최 · 손 · 정 · 배 · 설 여섯 성씨의 후손과 유림(儒林)이다. 이 여섯 성씨는 어디서 들어본 듯할 것이다. 바로 신라 육두품의 성씨다. 박혁거세가 깨고 나온 큰 알이 있던 '양산 밑 나정 곁'이라는 기록에서 이름을 따온 양산재는 육두품의 시조를 제사 지내는 사당인 것이다.

육두품의 성씨가 만들어지다

김부식의 『삼국사기』는 전한다.

박혁거세가 신라를 건국하기 전, 고조선의 유민들이 산골짜기 사이에 나누어 살면서 여섯 마을을 이루었다. 첫 번째가 알천양산촌, 두 번째가 돌산고허촌, 세 번째가 자산진지촌, 네 번째가 무산대수촌, 다섯 번째가 금산가리촌, 여섯 번째가 명활산고야촌인데, 이것이 진한의 육부(六部)가 되었다.

고조선이 한나라의 대군에 의해 멸망당한 것이 기원전 108년이고, 신라가 건국된 것이 그 51년 후인 기원전 57년이다. 그러니 한사군(漢四郡)의 통치를 피해 남쪽으로 내려온 고조선의 유민 일부가 경주 지역에 나누어 살았다는 『삼국사기』의 이야기는 시간적으로 충분히 이해할 만하다. 그리고 그 육부의 사람들이 박혁거세를 첫 번째의 임금으로 세워 신라를 건국했다.

김부식의 『삼국사기』는 또 전한다.

기원후 34년 유리니사금이 육부의 이름을 고치고 성씨를 하사하였다. 양산부는 양부로 하고 성씨는 이씨(李氏)로, 고허부는 사량부로 하고 성씨는 최씨(崔氏)로, 대수부는 점량부로 하고 성씨는 손씨(孫氏)로, 우진부를 본피부로 하고 성씨는 정씨(鄭氏)로, 가리부는 한기부로 하고 성씨는 배씨(裵氏)로, 명활부는 습비부로 하고 성씨는 설씨(薛氏)로 하라.

이렇게 육두품의 성씨가 탄생하였다. 그 탄생 과정에 대한 김부식의 『삼국사기』 서술은 육두품의 성씨가 박혁거세를 첫 번째의 임금으로 세워 신라를 건국하게 만든 여섯 마을에 뿌리를 두고 있다는 은유를 담고 있다. 육두품이 진골보다 한 단계 아래의 신분임에도 성씨를 사용할 수 있는 근거가 신라의 건국 신화에 있음을 분명하게 제시해주고 있다.

하늘에서 내려온
육두품의 조상

일연 스님의 『삼국유사』는 육두품의 성씨 탄생 과정에 대해 김부식의 『삼국사기』와 비슷한 듯하면서도 다른 시작을 보인다. 박혁거세가 신라를 건국하기 전, 진한의 땅에는 여섯 개의 마을이 있었다.

여기에는 김부식의 『삼국사기』에서 여섯 마을의 기원을 고조선의 유민으로 본 문구가 쏙 빠져 있다. 별것 아닌 것 같지만 뭔가 깊은 뜻이 있을 수도 있다.

일연 스님의 『삼국유사』는 이어서 전한다.

첫 번째는 알천양산촌인데, 촌장은 알평이고 처음에 표암봉에 내려왔다. 이것이 급량부 이씨의 조상이다. 두 번째는 돌산고허촌인데, 촌장은 소벌도리이고 처음에 형산에 내려왔다. 이것은 사량부 정씨의 조상이다. 세 번째는 무산대수촌인데, 촌장은 구례마이고 처음에 이산에 내려왔다. 이것이 모량부 손씨의 조상이다. 네 번째는 자산진지촌인데, 촌장은 지백호이고 처음에 화산에 내려왔다. 이것이 본피부 최씨의 조상이다. 다섯 번째가 금산가리촌인데, 촌장은 지타이고 처음에 명활산에 내려왔다. 이것이 한기부 배씨의 조상이다. 여섯 번째가 명활산고야촌인데, 촌장은 호진이고 처음에 금강산에 내려왔다. 이것이 습비부 설씨의 조상이다.

육부의 조상이 모두 처음에 산으로 내려왔다. 전통 문명 시대 산은 흙과 돌과 바위로 이루어진 무생명의 산이 아니라 높아서 하늘과 맞닿은, 아니 하늘과 연결된 하늘산이었다. 그러니 처음에 산으로 내려온 육부의 모든 조상은 하늘이 내려보낸 하늘의 아들인 것이다. 여기서 우리는 일연 스님의 『삼국유사』가 여섯 마을의 기원을 땅의 고조선 유민에게서 찾았던 『삼국사기』의 문구를 쏙 뺀 이유를 알게 된다.

육두품들 또한 자신들의 조상이 땅이 아니라 하늘로부터 왔다고 보고 싶어 했던 강한 욕망을 담아내고 있다. 다만 일연 스님의 『삼국유사』는 본인이나 그 자손이 임금이 되었던 혁거세, 탈해, 알지처럼 누가 봐도 하늘의 아들이라 이해할 수 있는 직접적인 묘사는 하지 않았을 뿐이다. 진골들이 그것까지 허용하지 않은 정황이 읽힌다. 너희들 또한 우리 신라 건국의 뿌리로부터 기원했으니 신성하게 묘사할 권리는 허용하겠으나 너무 직접적으로까지 하늘의 아들이라고는 말하지 마라. 이랬을 것 같다.

경주 이씨의 시조 알평의 신화가 담긴 경주 표암(출처: 국가문화유산포털)

표암과
표암재

경주의 북천 북동쪽 탈해왕릉 바로 서쪽에 알천양산촌의 촌장이자 급량부 이씨의 조상인 알평이 하늘에서 내려왔다는 신화가 전해지는 표암(瓢巖)이 있다. 우리말로는 '박바위'라 하는데, 평지로부터 20~30미터 정도의 높이다. 그 위의 광림대(光臨臺)에는 알평이 하늘에서 내려와 처음으로 목욕했다는 돌구멍[石穴]이 있고, 그 아래에는 알평을 시조로 모시는 경주 이씨 가문에서 1804년 북천가의 평지에 세웠다가 홍수 때문에 1879년에 옮겨 세웠다는 '신라좌명공신급량부대인이공휘알평유허비(新羅佐命功臣及梁部大人李公諱謁平遺墟碑)'가 있다. 모두 작은 건물을 지어 보호하고 있다.

표암 아래의 평지에는 역시 경주 이씨 가문에서 1925년에 건립했다는 표암재(瓢巖齋)가 있다. 후손들이 시조 알평의 호를 그가 태어났다는 표암의 이름을 따서 표암이라 하였고, 표암공의 사당으로 만들어진 것이 표암재이다. 외삼문의 이름은 산앙문(山仰門)이고, 그 안에 표암재가 있다. 표암재 서쪽에는 표암공의 위패를 모시고 제사하는 악강묘(嶽降廟)가 있고, 외삼문의 이름은 조동문(肇東門)이다.

알평이 하늘에서 내려왔다는 것을 실제로 믿는 사람은 없을 것이다. 알평과 관련된 신화와 유적 모두 후대의 사람들이 자신의 선조를 높이기 위해 만들어낸 것이지만 그 자체가 우리 역사의 이야기를 풍부하게 한다. 알평의 신화는 신라 때 만들어진 것이고, 그 유적인 표암은 조선 중기 이후 경주 이씨의 후손들이 기록과 지형의 특징을 맞추어 지정한 것이다. 그 노력을 우리의 역사에 넣어 알평은 하늘에서 내려온 하늘의 아들이고, 그곳이 바로 지금의 표암과 관련 유적이라 보아도 나쁘지 않을 것 같다.

경주 이씨의 후손들이 유적에 붙인 이름들이 재미있다. 왜 그런 이름들을 붙였는지 지금으로서는 알 수 없지만 글자만으로도 이해할 수 있다.

유허비에는 알평을 신라좌명공신(新羅佐命功臣)이라고 했다. 좌명(佐命)은 '하늘의 명을 받은 임금을 돕다 또는 따른다'는 뜻이다. 하늘의 명을 받아 박혁거세를 신라의 임금으로 세우는 데 결정적인 역할을 한 공신으로 본 것이다.

표암재의 정문 이름인 산앙문은 알평이 내려왔다는 표암을 하늘산으로 보고 '하늘산을 우러러보는 문'이란 뜻으로 붙인 것이리라. 알평의 위패를 모신 악강묘에서 악(嶽)도 하늘산을 가리킨다고 보면, 악강(嶽降)은 하늘산에 내려온 알평을 의미한다. 따라서 악강묘는 하늘산에 내려온 알평의 위패를 모신 사당이란 뜻으로 읽을 수 있다. 악강묘의 정문 이름인 조동문에서 조(肇)는 '열다'는 뜻이고, 동(東)은 중국을 중심으로 동쪽에 있는 우리나라를 가리킨다. 따라서 조동문은 '박혁거세를 첫 번째의 임금으로 세워 우리나라를 연 알평의 사당으로 들어가는 문'이다.

일연 스님의 『삼국유사』가 전한 신라 육두품들의 염원을 조선시대 경주 이씨 가문에서 더욱 발전시킨 신화의 모습들이다.

육두품 '6'이란 숫자의 비밀

진골 다음의 지배 신분이었던 육두품, 고대부터 조선시대까지 우리나라의 역사에서 신분제에 사용된 '6'이란 숫자는 신라 이외에는 찾을 수 없다. 동아시아 문명권에서 '6'이란 숫자가 특별한 의미를 지닌 것으로 이해되지도 않았다. 그래서 육두품의 '6'이란 숫자는 역사의 비밀이 될 수 있다.

다행스런 것은 숫자 '6'의 비밀을 찾을 수 있는 첫 번째 열쇠가 김부식의 『삼국사기』에 있다. 박혁거세가 신라를 건국하기 전, 고조선의 유민들이 산골짜기 사이에 나누어 살면서 여섯 마을을 이루었다고 말한다. 여섯 마을은 고조선의 유민들이 산골짜기 사이에 나누어 살면서 자연스럽게 형성된 것이라는 의미다.

일연 스님의 『삼국유사』는 숫자 '6'의 비밀을 풀 수 있는 두 번째 열쇠를 전한다.

알천양산촌의 남쪽이 지금의 담엄사이고, 파잠(波潛) · 동산(東山) · 피상(彼上) · 동촌(東村)이 속해 있다. 돌산고허촌에는 지금의 구량벌(仇良伐) · 마등오(麻等烏) · 도북(道北) · 회덕(廻德) 등 남쪽의 마을이 속해 있다. 무산대수촌에는 지금의 박곡촌(朴谷村) 등 서쪽의 마을이 속해 있다. 자산진지촌에는 시파(柴巴) 등 동남쪽의 마을이 속해 있다. 최치원은 본피부 사람이다. 지금 황룡사 남쪽 미탄사 남쪽에 옛터가 있다고 전하는데, 최치원의 옛집이 거의 분명한 것 같다. 금산가리촌에는 상서지(上西知) · 하서지(下西知) · 내아(乃兒) 등 동쪽의 마을이 속해 있다. 명활산고야촌에는 물이촌(勿伊村) · 잉구미촌(仍仇彌村)과 궐곡(闕谷) 또는 갈곡(葛谷) 등 동북쪽의 마을이 속해 있다.

신기하게도 신라 왕경의 중심지였던 현재의 경주 시내를 중심으로 여섯 개의 유역권이 있다. 서쪽으로 대천 유역, 남쪽으로 형산강 본류 유역, 동남쪽으로 남천 유역, 동쪽으로 북천 유역, 동북쪽으로 신당천 유역, 서북쪽으로 소현천 유역이 그것이다. 일연 스님의 『삼국유사』는 신라 건국의 뿌리가 되었던 여섯 마을이 이 여섯 개의 유역권을 중심으로 약간 확장된 방식으로 형성되었음을 우리에게 전해준다.

알천양산촌은 지금의 경주 시내와 소현천 유역을 차지하고 있었다. 일연 스님의 『삼국유사』는 알천양산촌이 신라 왕경의 중심지를 차지하고 있었기 때문에 방향을 적지 않았다.

돌산고허촌은 경주 시내 남쪽의 형산강 본류 유역을 차지하고 있었다. 더불어 태화강 지류의 상류 일부가 걸쳐 있던 울산광역시 울주군의 두동면과 두서면 지역을 포함하고 있었다. 일연 스님의 『삼국유사』에서 돌산고허촌에 속했다고 말한 구량벌은 조선시대의 기록 속에 '벌'을 그 의미를 따서 한자어 '화(火)'로 적은 구량화(仇良火)로 나오는데, 지금의 울산광역시 울주군 두서면의 구량리를 가리킨다. 또한 일연 스님의 『삼국유사』에는 마등오에는 천룡사에서 발원한 물이 흐르는 내가 지난다고 나오는데, 천룡사는 형산강 본류 유역인 경주시 내남면 용장리에 있다.

무산대수촌은 경주 시내 서쪽의 대천 유역을 차지하고 있었다. 일연 스님의 『삼국유사』에서 무산대수촌에 속했다고 말한 박곡촌에서의 박곡(朴谷)은 우리말 이름 '박실'을 한자로 표기한 것으로, 대천 유역인 건천읍의 조전리에 있다.

자산진지촌은 경주 시내 동남쪽의 남천 유역을 차지하고 있었다.

금산가리촌은 경주 시내 동쪽의 북천 유역을 차지하고 있었다. 더불어 물들이 모두 동해로 바로 빠져나가지만 북천 유역과 연결되면서 경주 시내의 동쪽에 있는 감포읍 · 양북면 · 양남면 지역을 포함하고 있었다. 일연 스님의 『삼국유사』가 금산가리촌에 속했다고 말한 상서지와 하서지는 우리말 이름 '웃섯골'과 '아랫섯골'을 한자로 표기한 것으로, 양남면의 상계리와 하서리에 있었다. 또한 내아는 양남면의 나아리를 가리킨다.

명활산고야촌은 경주 시내 동북쪽의 신당천 유역을 차지하고 있었다. 일연 스님의 『삼국유사』에 명활산고야촌에 속했다고 말한 갈곡은 우리말 이름 '갈골'을 한자로 표기한 것으로, 지금의 천북면 갈곡리를 가리킨다.

촌(村)이란 한자로 표기된 마을이 현재는 면 단위 아래의 작은 범위를 가리키지만, 대략 500년대까지는 현재의 면 1~4개 범위에 걸쳐 있던 고을을 가리켰다. 그러다가 고을을 주(州)-군(郡)-현(縣)이란 한자로 표기하면서 촌은 고을에 속한 작은 단위의 마을을 가리키는 한자로 바뀌어 현재에 이르렀다.

신라의 뿌리가 되었던 여섯 마을 또한 경주 시내 주변에 분포한 여섯 개의 유역권을 중심으로 형성된, 면 1~4개 범위의 공간에 있었다. 그리고 이것이 신라에서 '6'이란 숫자가 사용된 핵심 이유였다. 육두품에서의 '6'도 신라의 뿌리가 되었던 여섯 마을의 촌장, 좀 더 생생하게 표현하면 여섯 마을의 우두머리[頭]를 시조로 여기면서 붙은 것이다. 즉, 육두품은 '신라의 뿌리인 여섯 마을[六]의 우두머리[頭]를 시조로 여기는 사람들에게 주어진 등급[品]'이란 뜻으로 사용되었다.

그리고 육두품 아래의 오두품과 사두품에서 '5'와 '4'는 육두품을 진골 아래의 최고 신분으로 하여 그보다 아래 등급의 신분임을 표시하기 위해 사용되었다. 오두품과 사두품은 신라의 건국과 관련된 자체적인 시조를 갖고 있지 않았기 때문에 신성한 핏줄을 의미하는 성씨를 사용하지 못했던 것이다.

17등 관등과
국가 기관의 관직 임용

김부식의 『삼국사기』는 신라에서 유리니사금 재위 9년째인 기원후 32년에 17개의 관등이 설치되었다고 전하는데, 그 이름은 이렇다.

1등은 이벌찬(伊伐飡)인데 이벌간(伊罰干), 우벌찬(于伐飡), 각간(角干), 각찬(角粲), 서발한(舒發翰), 서불한(舒弗邯)이라고도 쓴다. 2등은 이척찬(伊尺飡)인데 이찬(伊飡)이라고도 쓴다. 3등은 잡찬(迊飡)인데 잡판(迊判), 소판(蘇判)이라고도 쓴다. 4등은 파진찬(波珍飡)인데 해간(海干), 파미간(破彌干)이라고도 쓴다. 5등은 대아찬(大阿飡)이다. 6등은 아찬(阿飡)인데 아척간(阿尺干), 아찬(阿粲)이라고도 쓴다. 7등은 일길찬(一吉飡)인데 을길간(乙吉干)이라고도 쓴다. 8등은 사찬(沙飡)인데 살찬(薩飡), 사돌간(沙咄干)이라고도 쓴다. 9등은 급벌찬(級伐飡)인데 급찬(級飡), 급벌간(級伐干)이라고도 쓴다. 10등은 대내마(大奈麻)인데 대내말(大奈末)이라고도 쓴다. 11등은 내마(奈麻)인데 내말(奈末)이라고도 쓴다. 12등은 대사(大舍)인데 한사(韓舍)라고도 쓴다. 13등은 사지(舍知)인데 소사(小舍)라

고도 쓴다. 14등은 길사(吉士)인데 계지(稽知), 길차(吉次)라고도 쓴다. 15등은 대오(大烏)인데 대오지(大烏知)라고도 쓴다. 16등은 소오(小烏)인데 소오지(小烏知)라고도 쓴다. 17등은 조위(造位)인데 선저지(先沮知)라고도 쓴다.

김부식의 『삼국사기』는 신라의 17등 관등제가 기원후 32년에 완성된 것처럼 기록해놓았지만 곧이곧대로 믿을 필요는 없다. 하지만 그렇다고 해서 기원후 32년의 17등 관등제 설치 기록이 역사의 사실을 완전히 왜곡한 것은 아니다. 여러 문헌 기록이나 비문 등의 자료가 많이 부족하여 현재로서는 신라의 17등 관등제가 언제 완성되었는지를 알 수는 없다. 다만 우리는 김부식의 『삼국사기』를 통해 완성된 형태는 아니더라도 임금을 정점으로 하여 지배 신분의 위계질서를 규정한 관등제의 설치가 유리니사금 재위 9년째가 되는 기원후 32년에 시작되었음을 알 수 있다.

그런데 이러한 17등 관등제가 국가 기관의 관직과 구체적으로 어떻게 연계하여 운영되었는지 감이 잘 오지 않는 독자들도 있을 것이기에 약간의 설명을 덧붙여 이해를 돕고자 한다.

신라에는 수많은 국가 기관이 있었고, 각 기관마다 그것을 책임지는 최고의 우두머리부터 말단까지 구체적인 관직명을 지닌 체계적인 조직을 갖추고 있었다. 중앙정부의 국가 기관으로서 요즘의 국방부에 해당되는 병부(兵部)와 지방정부의 국가 기관으로서 요즘의 도(道)에 해당되는 주(州)와 광역시에 해당되는 소경(小京)을 예로 들어보겠다.

요즘의 국방부장관인 병부령은 3명, 차관인 대감(大監)은 2명이 있었고, 그 밑으로 제감(弟監) 2명, 노사지(弩舍知) 1명, 사(史) 12명, 노당(弩幢) 1명 등의 관직이 줄줄이 있었다. 이러한 관직을 할 수 있는 관등의 범위가 정해져 있었는데, 병부령은 5등의 대아찬부터 1등의 이벌찬까지, 대감은 9등의 급찬에서 6등의 아찬까지, 제감은 13등의 사지에서 11등의 내마까지, 노사지는 13등의 사지에서 12등의 대사까지, 사(史)와 노당은 17등의 선저지에서 12등의 대사까지 할 수 있었다.

요즘의 도지사에 해당되는 9명의 도독(都督)은 9등의 급찬에서 2등의 이찬까지, 부지사에 해당되는 9명의 주조(州助)는 11등의 내마에서 6등의 아찬까지, 실장 또는 국장에 해당되는 9명의 장사(長史)는 13등의 사지에서 10등의 대내마까지 할 수 있었다. 요즘의 광역시장에 해당되는 5명의 사신(仕臣)은 9등의 급찬에서 4등의 파진찬까지, 광역부시장에 해당되는 5명의 사대사(仕大舍)는 13등의 사지에서 10등의 대내마까지 할 수 있었다.

국가를 효율적으로 운영하기 위해 각 국가 기관의 관직마다 거기에 임명될 수 있는 관등의 범위를 정하여 운영했다는 점에서 신라와 고려, 조선은 현재의 대한민국과 하등 다를 바가 없었다. 다만 현재의 대한민국이 국가 기관의 공무원으로 진출할 수 있는 권리를 모든 국민에게 주는 평등 사회인 반면에 신라와 고려, 조선은 관직에 진출할 수 있는 권리를 일정 범위의 지배신분에게만 부여한 불평등 사회였다는 점에서 분명한 차이가 있다. 그러면 신라와 고려, 조선 사이에는 차이가 없었을까.

김부식의 『삼국사기』는 17등 관등제의 운영과 신분과의 관계에 대한 내용도 기록해 주었다. 6등의 아찬 부분에 중아찬(重阿飡)에서 사중아찬(四重阿飡)까지, 10등의 대내마 부분에 중[대]내마(重[大]奈麻)에서 구중내마(九重[大]奈麻)까지 있었다고 기록해 놓았다. 여기서 중(重)은 '무겁다'가 아니라 '겹쳤다'는 뜻으로 중아찬은 아찬보다 한 단계 위, 사중아찬은 세 단계 위라는 뜻이다. 마찬가지로 중[대]내마는 대내마보다 한 단계 위, 구중[대]내마는 대내마보다 여덟 단계 위라는 뜻이다.

진골은 모든 관등에 오를 수 있었던 반면 육두품은 6등의 아찬, 오두품은 10등의 대내마까지만 올라갈 수 있었다. 이런 관등제 속에서 6등의 아찬에 오른 육두품 중 더 높은 대우를 해주어야 하는 상황이 발생하면 오두품의 대아찬을 줄 수 없기 때문에 중아찬에서 사중아찬까지 만들어놓았다. 마찬가지로 10등의 대나마에 오른 오두품 중 더 높은 대우를 해주어야 하는 상황이 발생하면 9등의 급벌찬을 줄 수 없기 때문에 중[대]내마에서 구중

[대]내마까지 만들어놓은 것이다.

사두품은 12등인 대사까지만 올라갈 수 있었던 것으로 알려져 있지만 중아찬이나 중[대]내마와 같은 중대사(重大舍)에 대한 기록은 없다. 대신 11등인 내마에 중내마(重奈麻)부터 칠중내마(七重奈麻)까지 있었다고 나온다. 중대사부터 칠중대사를 잘못 쓴 것일 수도 있지만 더 이상의 문헌 기록이 없으니 이 정도의 추측에서 머무르자.

6

하늘의 나라 금관가야의 건국 신화가 살아남다

◎

532년과 562년 두 가야의 멸망, 건국 신화의 운명을 가르다

『삼국사기』의 「신라본기」는 경상남도의 김해시에 거점을 두고 있던 금관가야의 멸망 과정을 이렇게 전한다.

법흥왕 재위 19년째인 532년, 금관국의 임금 김구해가 왕비, 세 아들과 더불어 나라의 금고에 있던 각종 보물을 갖고 항복해 왔다. 법흥왕은 예를 갖추어 그들을 대우하고는 높은 관등을 하사하였고, 금관국의 옛 땅을 식읍(食邑)으로 삼도록 하여 그들에게 필요한 물자를 스스로 걷어서 쓸 수 있게 하였다. 아들 셋 중에 맏이는 노종(奴宗)이고, 둘째는 무덕(武德)이며, 막내가 무력(武力)이다. 무력은 벼슬하여 제1 관등인 각간에까지 이르렀다.

한편, 경상북도의 고령군에 수도가 있었던 대가야의 멸망 과정도 이렇게 전한다.

진흥왕 재위 23년째인 562년 9월, 가야가 반란을 일으키자 임금이 이사부에게 명하여 그들을 토벌하고 사다함이 그를 보좌하도록 하였다. 사다함이 5천 명의 기병을 이끌고 앞서 달려

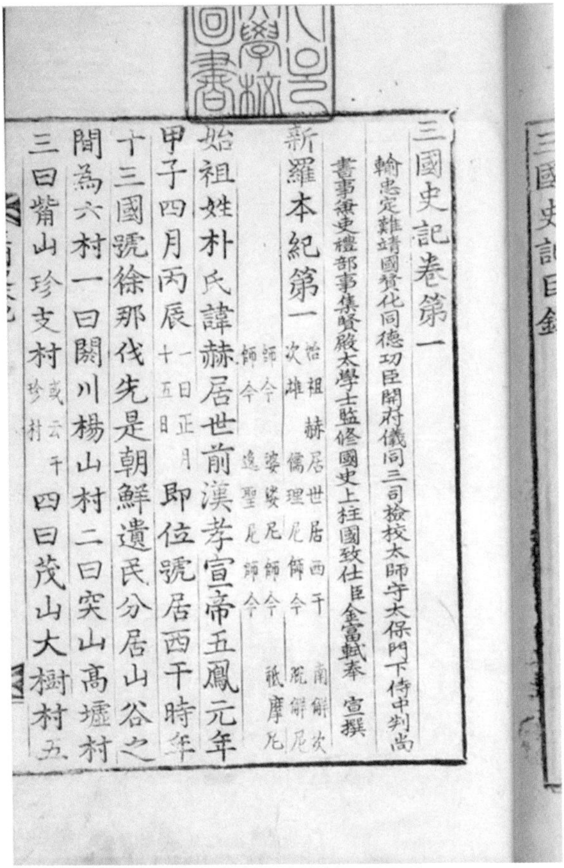

삼국사기_신라본기(출처: 국가문화유산포털)

서 전단문으로 치고 들어가 흰 깃발을 세우니, 성안의 가야 사람들이 두려워 어찌할 바를 몰랐다. 이어서 이사부가 병사를 이끌고 성안에 이르자 가야가 일시에 모두 항복하였다. 전공을 논할 때 사다함이 최고였기 때문에 임금이 상으로 좋은 밭과 포로 200명을 내려주었지만 사다함이 세 번 사양하였다. 그래도 임금이 강제로 주자 사다함은 포로를 받은 후 놓아주어 양인으로 삼았고, 밭은 병사들에게 나누어 주었다. 나라의 사람들이 사다함의 행실을 아름답게 여겼다.

요약하면 금관가야는 신라에게 스스로 항복해왔고, 대가야는 신라의 군대에 의해 정복당했다. 그리고 항복해온 금관가야의 왕족들은 『삼국사기』와 『삼국유사』에 종종 등장하지만 정복당한 대가야의 왕족은 전혀 등장하지 않는다.

금관가야의 마지막 임금인 김구해의 막내인 무력은 관등 1위인 각간에까지 이르렀다고 했는데, 신라에서 각간에까지 이를 수 있는 신분은 진골 귀족뿐이다. 신라에서는 스스로 항복해온 금관가야의 왕족을 진골 귀족으로 대우했던 것이다. 무력의 아들인 서현(舒玄)도 진골만이 올라갈 수 있는 관등 4위인 소판 또는 1위인 각간에까지 이르렀으며, 서현의 아들이 바로 백제와 고구려를 멸망시키는 데 결정적인 공헌을 하여 신라에서 가장 유명한 장수인 김유신이다. 김유신의 아들들 또한 장남 삼광이 관등 2위인 아찬까지, 둘째 원술이 관등 4위인 소판까지, 셋째 원정은 관등 8위인 파진찬까지, 넷째 장이와 막내 원망이 관등 5위인 대아찬까지, 서자인 군승까지도 관등 6위인 아찬까지 올라갔다.

게다가 서현의 딸이자 김유신의 막내 여동생인 문희(文姬)는 진지왕의 손자인 김춘추와 결혼하였고, 김춘추가 진덕여왕에 이어 제29대 임금인 태종무열왕에 오르자 왕비가 되었다. 그리고 문희가 낳은 맏아들 법민이 제30대 임금인 문무왕이 되었는데, 일연 스님의 『삼국유사』가 전하는 「가락국기(駕洛國記)」에는 문무왕 즉위 원년인 661년 3월에 어머니의 조상에 대해 이런 조서를 반포했다고 전한다.

가야국 시조의 9대손 구형왕께서 나라를 들어 우리나라에 항복해올 때 아드님 세종을 함께 데리고 오셨다. 그 세종의 아드님이 솔우공이시고, 또 솔우공의 아드님이 서운(서현) 잡간이시며, 서운 잡간의 따님인 문명왕후께서 나를 낳으셨다. 따라서 시조께서는 나에게 15대 할아버지가 되신다. 그 나라는 이미 멸망했으나 시조에게 제사 지내는 사당은 아직도 있으니 앞으로는 우리나라의 종묘에 합해서 계속 제사를 지내도록 하겠다.

532년, 독립을 유지하지 못할 것이란 판단 아래 스스로 나라를 들어 신라에 항복한 금관가야. 562년, 끝까지 독립국으로서

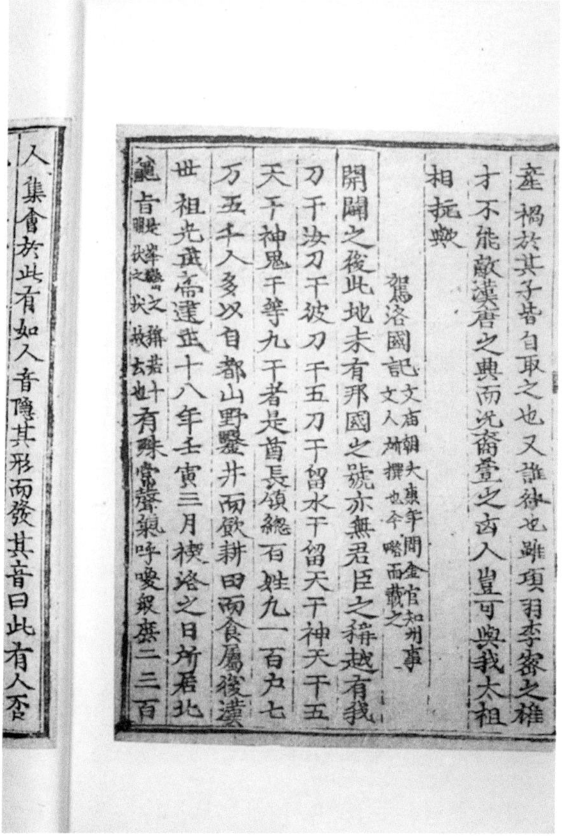
產禍於其子皆自取之也又誰咎也雖項羽李密之雄
才不能敵漢唐之興而況裔萱之凶人豈可與我太祖
相抗歟

駕洛國記 文廟朝大康年間金官知州事文人所撰也今略而載之

開闢之後此地未有邦國之號亦無君臣之稱越有我
刀干汝刀干彼刀干五刀干留水干留天干神天干五
天干神鬼干等九干者是酋長領總百姓凡一百戶七
万五千人多以自都山野鑿井而飮耕田而食屬後漢
世祖光武帝建武十八年壬寅三月禊洛之日所居北
龜旨 是峯巒之稱若十朋伏之狀故云也 有殊常聲氣呼喚衆庶二三百
人集會於此有如人音隱其形而發其音曰此有人否

삼국유사_가락국기(출처: 국가문화유산포털)

의 지위를 유지하고자 항거하다가 신라에게 정복당한 대가야. 그 대가는 혹독했다. 신라의 역사 속에서 금관가야의 왕손은 최고의 장군과 왕비의 자리에 올라 역사책에 그 이름을 찬란하게 남겼고, 대가야의 왕손은 역사책 어디에서도 그 이름을 찾을 수 없다.

또 하나의 혹독한 대가가 있었으니, 금관가야의 건국 신화는 면면히 살아남아 21세기의 우리들에게까지 전해지고, 대가야의 건국 신화는 역사의 심연 속으로 빨려 들어가 그 실체의 실마리조차 알 수 없다. 고려에 들어서자 신라나 금관가야나 이미 망해버린 옛 나라였을 뿐이어서 경주 박씨 · 경주 김씨 · 경주 석씨와 김해 김씨의 상황은 이제 동등해졌다. 이에 김해 김씨는 말로만 전해오던 금관가야의 건국 신화를 문자로 정착시킬 절호의 기회를 갖게 되었다.

일연 스님은 『삼국유사』에 「가락국기」를 전하면서 작은 글씨로 이렇게 써놓았다. "고려 문종 때인 대강연간(1075~1085)에 금관지주사(金官知州事)의 문인(文人)이 지은 것인데, 지금 그것을 요약하여 싣는다."

일연 스님이 전하는 금관가야의 건국 신화 속으로 역사 여행을 떠나보자.

아홉 마을의 간절한 소망에 하늘이 응답하다

지금으로부터 2천여 년 전, 하늘과 땅이 열리자 김해 지역에도 사람들이 산야에 모여 우물을 파서 마시고 밭을 경작하며 살았다. 시간이 흐르자 100호 7만 5천 명으로 불어나 아홉 개의 마을을 이루었고, 각 마을에는 백성을 다스리며 거느리는 아도간(我刀干)・여도간(汝刀干)・피도간(彼刀干)・오도간(五刀干)・유수간(留水干)・유천간(留天干)・신천간(神天干)・오천간(五天干)・신귀간(神鬼干) 등 아홉 명의 우두머리가 있었다.

그런데 오랫동안 서로 연합하며 평화롭게 살아오던 아홉 마을에 위기감이 돌기 시작했다. 이웃 지역에 신라를 비롯하여 새로운 나라들이 속속 건국되었고, 그들 나라와 경쟁하며 살아가기 위해서는 아홉 마을의 힘을 하나로 모을 수 있는 임금의 출현과 나라의 건국이 절실해졌다. 그래서 서기 42년 3월 아홉 간과 백성들이 모여 하늘에 정성 들여 제사를 지냈다. 그러자 그날 김해 땅 북쪽의 구지봉(龜旨峯)에서 무언가를 부르는 이상한 소리가 났다.

아홉 간을 포함한 백성 200~300명이 구지봉으로 달려갔다.

김해 구지봉 전경(출처: 국가문화유산포털)

그러자 사람 소리 같기는 한데 형체를 드러내지 않은 채 목소리만 들렸다. "여기에 사람이 있느냐." 깜짝 놀라 아홉 간이 동시에 대답하였다. "저희들이 있습니다." 그러자 또 말이 들려왔다. "여기가 어디냐." 아홉 간이 두렵고 반가운 목소리로 또 대답하였다. "구지봉입니다." 목소리의 주인공은 자신이 있는 곳이 확인되자 드디어 자기가 누구인지 밝히기 시작했다. "하늘[皇天]이 나에게 이곳에 가서 나라를 세우고 임금이 되라고 명한 까닭에 여기에 내려왔다."

아홉 마을의 백성과 아홉 간이 그렇게 바라던 임금을 하늘이 내려준 것이다. 그래서 모두 반가움에 눈물 흘렸지만 하늘이 내려준 임금은 자신의 모습을 곧바로 드러내지 않고는 조건을 내걸었다. "너희들은 반드시 산봉우리 꼭대기의 흙을 파면서 '거북아 거북아 머리를 내밀어라. 만약 내밀지 않으면 구워 먹으리'라고 노래 부르고 땅을 구르며 춤을 추어야 곧 대왕을 맞이하여 뛸 듯이 기쁘게 될 것이다." 아홉 마을의 백성들과 아홉 간은 그의 말을 따라 모두 기뻐하며 노래 부르고 춤을 추었다.

얼마 지나지 않아 그곳을 우러러 쳐다보니 자줏빛 줄이 하늘에서 땅에 드리워져 있었다. 그 줄이 내려온 곳을 찾아보니 곧 붉은 보자기에 싸인 금빛 상자가 보였고, 그것을 열어보니 태양처럼 둥근 황금 알 여섯 개가 있었다. 아홉 마을의 백성들과 아홉 간이 모두 놀라고 기뻐하여 함께 백번 절하고 싸서 안고는 아도간의 집에 들어가 책상 위에 놓아두고는 각기 흩어졌다.

새벽이 지난 다음날 아침, 무리가 다시 모여 상자를 열어보니 여섯 개의 알이 변해서 아이가 되어 있었는데 용모가 매우 크고 아름다웠다. 이에 이들을 평상 위에 앉히고 아홉 마을의 백성들과 아홉 간이 절하고 예의를 갖추어 축하하면서 극진히 공경하였다.

나날이 자라 10여 일이 지나자 키는 아홉 자나 되었으니 은나라[殷]의 탕왕[天乙]이었고, 얼굴은 용처럼 생겼으니 한나라[漢]의 고조(高祖)였으며, 눈썹의 팔채(八彩)는 요 임금에게 있는 것이고, 겹으로 된 눈동자는 순임금에게 있는 것이었다.

그달 보름에 임금의 자리에 올랐다. 세상에 처음 나타났다고 해서 이름을 수로(首露)라고 하였는데, 혹은 수릉(首陵)이라고도 했다. 나라 이름을 대가락(大駕洛)이라 하였는데, 가야국(伽耶國)이라고도 칭했다. 곧 여섯 가야(伽耶) 중의 하나이고, 나머지 다섯 사람도 각각 돌아가서 다섯 가야의 임금이 되니 동쪽은 황산강(黃山江, 낙동강)으로, 서남쪽은 넓고 푸른 바다로, 서북쪽은 지리산으로, 동북쪽은 가야산으로 경계를 삼았고, 남쪽은 나라의 끝이었다.

구지봉,
하늘의 나라 금관가야를 보다

금관가야 건국 신화의 현장 구지봉은 1900여 년의 긴 세월이 지났는데도 김해시의 구산동에 구지봉공원이란 이름으로 아직도 그 자리에 그대로 있다. 남쪽에서 좀 떨어져 바라보면 동북쪽의 높은 산줄기가 서남쪽의 평지를 향해 뻗어나가다 멈추며 작은 봉우리를 이룬 모습이 마치 거북이의 머리 같다. 금관가야의 건국 신화 속에 등장하는 '거북아 거북아 머리를 내밀어라. 만약 내밀지 않으면 구워먹으리'라는 노래의 내용이 멀리서 바라본 구지봉의 모습과 잘 어울린다.

구지봉 정상에 오르면 크고 둥근 원으로 둘러쳐진 평평한 수로 임금의 탄생지를 만날 수 있다. 나는 그곳에 도착하자마자 가장 먼저 그 끝에 서서 남쪽을 바라보았다. 낮은 언덕 정도의 야산임에도 김해 시내의 대부분이 한눈에 들어온다. 반대로 이야기하면 가야가 건국되던 1900여 년 전, 김해 시내의 어디서든 구지봉이 보였다는 의미다. 금관가야 사람들에게 구지봉은 높지 않으면서도 우러러볼 수 있는 하늘산이 되기에 충분한 조건을 갖추고 있다.

구지봉 정상에 서서 나는 생각한다. 금관가야의 사람들도 신라 사람들과 마찬가지로 자신의 나라가 하늘의 나라이기를 바랐고, 그래서 건국 시조 수로는 하늘의 아들이어야 했다. 이를 위해 신라의 건국 신화에서처럼 분명히 있었을 수로의 사람 아버지와 사람 어머니를 그의 가계 기록에서 없애 천하의 불효자로 만드는 건국 신화 프로젝트를 차근차근 진행시켰다. 그러고는 하늘에서 땅에 드리워진 자줏빛 줄 끝의 금빛 상자 속에 든 황금 알로 이 세상에 태어난 하늘의 아들 수로의 건국 신화 이야기를 멋들어지게 만들어냈다.

그런데 금관가야의 건국 신화에서는 하늘의 아들 수로가 이 세상에 쉽게 내려오지 않았다. 하늘[皇天]이 나에게 이곳에 가서 나라를 세우고 임금이 되라고 명한 까닭에 여기에 내려왔으니, 너희들은 반드시 산봉우리 꼭대기의 흙을 파면서 '거북아 거북아 머리를 내밀어라. 만약 내밀지 않으면 구워먹으리'라고 노래부르고 땅을 구르며 춤을 추어야 곧 대왕을 맞이하여 뛸 듯이 기쁘게 될 것이라고 말하고 있다.

김해 지역 곳곳에 자리 잡고 있던 아홉 마을의 사람들과 아홉 간의 애간장을 태우며 너희들이 절실히 원해야 하늘의 아들이 내려와 나라를 세우고 임금이 되겠노라는 의미다. 금관가야 사람들은 건국 시조 수로가 하늘이 그냥 내려 보낸 임금이라고 생각하지 않았다. 자신들이 절실히 원해서 하늘이 특별히 내려 보낸 임금이며, 그렇기 때문에 수로가 건국한 금관가야는 하늘의 뜻과 사람의 간절한 염원이 결합된 특별하고 신성한 나라라고 강조하고 싶었던 것이다.

수로는 하늘의 아들이기에 일반 사람들로서는 상상도 할 수 없는 성장 속도를 보인다. 알에서 아이로 깨어난 지 겨우 10여 일이 지나자 키가 아홉 자나 되었고, 얼굴은 용처럼 생겼으며, 눈썹에 팔채(八彩) 문양이 있고, 눈동자가 겹으로 되어 있었다. 그러고는 태어난 바로 그달의 보름에 금관가야를 세우고 임금의 자리에 올랐다.

아무리 생각해도 일반 사람이라면 도저히 일어날 수 없는 일인데도 금관가야 사람들은 그것을 믿었다. 수로는 일반 사람과 전혀 다른 하늘의 아들로 태어난 사람이라고 생각했기 때문이며, 그래야 금관가야의 임금들은 하늘의 자손으로서 대대손손 번영할 수 있었다.

수로 임금의 배필은 하늘이 정한다

금관가야 건국 신화의 내용은 신라의 건국 신화와 비교할 때 아주 특별하지는 않다. 아니 전체적인 구조는 거의 비슷하다. 그렇다고 두 건국 신화 사이에 서로 영향을 주고받았다고 볼 필요는 없다. 건국 시조가 하늘의 아들이라는 건국 신화의 구조는 전통 시대 거의 모든 문명권에서 나타나는 공통된 것이다. 단지 세부적인 장소와 이야기의 진행 양상이 조금씩 다를 뿐이다.

금관가야의 건국 신화가 갖고 있는 독특함은 하늘의 아들 수로가 인간 세상의 땅에 내려와 금관가야의 임금이 된 후 왕후를 맞이하는 과정에서 나타난다.

서기 48년 7월 27일, 아홉 마을의 백성들과 아홉 간이 임금을 만나 뵙고는 말하였다.

"대왕께서 하늘에서 내려오신 이래 아직 좋은 배필을 얻지 못하셨으니 청컨대 저희들의 집에 있는 결혼하지 않은 딸들 중에서 더할 수 없이 좋은 아이를 골라 궁중에 들여보내 대왕의 배필로 만들게 해주십시오."

서기 48년 7월 27일이면 수로가 금관가야의 임금이 된 서기

42년 3월로부터 6년 4개월 정도가 지난 시간이다. 이 정도의 시간이면 왕후를 벌써 맞이했어야 할 것 같은데 그렇지가 않았다. 보다 못한 신하들이 답답해서 결혼하지 않은 자신들의 딸 중에서 가장 좋은 배필을 골라 왕후가 될 수 있도록 해달라고 간절히 요청하였지만 수로 임금은 단호하게 거절하였다. 그러면서 이렇게 말하였다.

"짐이 여기에 내려온 것은 하늘의 명령이다. 그리고 짐에게 짝을 지어 왕후를 만드는 것 또한 하늘의 명령일 것이니 경들은 염려하지 말라."

자신이 하늘의 명령에 따라 금관가야에 내려와 임금이 되었듯이, 왕후 또한 하늘의 명령에 따라 결정되는 것이니 사람들인 너희들은 걱정할 필요가 없다는 단호한 말투가 참 인상적이다. 그러고는 유천간에게 명하여 가볍고 빠른 배를 몰아 멋진 말을 싣고 망산섬[望山島]에 가서 기다리게 하였고, 신귀간에게도 승고개[乘岾]로 가도록 명하였다.

그때 갑자기 바다의 서남쪽 모퉁이로부터 붉은빛의 돛을 단 배가 붉은 깃발을 휘날리며 북쪽을 향하는 모습이 보였다. 유천간 등이 먼저 망산섬 위에서 횃불을 들어 올리니 뱃사공들이 곧바로 배를 힘껏 저어 육지에 내리고는 다투듯이 달려왔다. 승고개 높은 곳에 있던 신귀간이 그것을 바라보고는 득달같이 달려 궁궐에 들어가 아뢰었다. 수로 임금은 그 소식을 듣고는 무척 기뻐하여 곧 아홉 간을 보내어 목란으로 만든 돛대를 바로잡고 계수나무로 만든 노를 저어 그들을 맞이하게 하였다.

수로 임금은 하늘의 아들이기 때문에 자신의 배필 또한 하늘이 정해준다는 원칙까지 뛰어넘어, 하늘이 정해준 배필이 언제 어떻게 올 것인지까지 미리 예견할 수 있다는 것을 보여주었다. 땅의 인간들은 도저히 알 수 없는 하늘의 명령을 미리 예견할 수 있는 존재임을 부각시켜 수로 임금은 누구도 부정할 수 없는 하늘의 아들임을 재차 확인시켜주고 있다.

하늘의 명은 직접 나가서 맞아야 한다

아홉 간이 빨리 왕후를 모시고 궁궐로 들어가려 하자 왕후가 갑자기 말하였다.

"나는 너희들과 평생 한 번도 본 적이 없는데 어찌 감히 경솔하게 따라가겠느냐."

이에 유천간이 돌아와서 왕후의 말을 전하니 임금이 옳다고 여겼다. 그러고는 유사를 이끌고 직접 거둥하여 궁궐 아래에서 서남쪽으로 60걸음쯤 되는 땅의 산 주변에 임시로 장막을 쳐서 자리를 만들고는 기다렸다.

수로 임금이 아무리 하늘의 아들로서 땅에 내려와 임금이 되었다고 하더라도 아버지인 하늘보다 높을 수는 없다. 수로 임금이 이 사실을 잠시 잊고서는 사람들을 보내 하늘이 보낸 배필을 궁궐까지 모시고 오게 하는 실수를 하였다. 그랬더니 하늘은 자신이 보낸 배필의 말과 행동을 통해 그 실수를 꾸짖었고, 이에 수로 임금은 자신의 실수를 곧바로 깨닫고는 궁궐을 나와 임시 장막을 치고 하늘이 보낸 배필을 기다린 것이다.

왕후는 산 밖 별개나루[別浦津]의 머리에 배를 정박시키고는 육지로 올라와 높은 언덕에서 쉬면서 입고 있던 비단바지를 벗어 폐백으로 삼아 산신령에게 바쳤다. 신보(申輔)와 조광(趙匡) 두 신하가 왕후를 모시기 위해 따라왔고, 그들의 아내는 모정(慕貞)과 모량(慕良)이었다. 노비까지 합해서 모두 20여 명이었다. 가지고 온 비단옷과 치마, 금은주옥(金銀珠玉), 구슬 장신구는 다 기록할 수 없을 만큼 많았다.

왕후가 임금이 계신 곳으로 점점 가까이 오니 임금이 나아가 그를 맞이하고는 함께 장막으로 만든 임시 궁궐로 들어갔다. 함께 온 신하를 비롯하여 여러 사람들은 섬돌 아래로 와서 임금을 뵙고는 곧 물러갔다. 임금은 유사에게 명하여 왕후와 함께 온 신하 부부를 인도하게 하고는 말하였다.

"사람마다 방 하나씩을 주어 편안히 머무르게 하고, 노비들도 각각 방 하나에 대여섯 명씩 들어가게 하여 편안히 있게 하라."

그들에게 난초로 만든 음료와 영릉향으로 빚은 술을 주었고, 화려한 무늬로 단장한 이부자리에서 자게 했다. 그러고는 옷과 비단 옷감, 보화 등도 주었고, 군사로 하여금 그들을 보호하게 하였다.

왕후의 이야기는 무조건 믿어라

수로 임금과 왕후가 함께 침전에 들게 되었는데 왕후가 조용히 임금에게 말하였다.

"저는 아유타국(阿踰陀國)의 공주입니다. 그리고 성은 허(許)이고 이름은 황옥(黃玉)이며 나이는 열여섯 살입니다. 본국에 있던 올 5월에 부왕과 왕후께서 저를 돌아보고는 말씀하셨습니다.

'우리가 어젯밤 꿈에 함께 하늘[皇天]의 임금[上帝]을 뵈었는데, 이렇게 말씀하셨다. "가락국의 시조 수로(首露)라는 자는 하늘이 내려 보내 임금의 자리에 오르게 하였으니, 신령스럽고 성스러운 자는 오직 이 사람뿐이다. 또 나라를 새로 다스리면서도 아직 배필을 정하지 못하였으니 경들은 모름지기 공주를 보내서 그의 배필이 되게 하라." 말씀을 끝내시고는 하늘로 올라가셨다. 잠에서 깬 뒤에도 하늘의 임금의 말이 여전히 귓가에 있으니, 너는 이 자리에서 곧 부모를 작별하고 그곳을 향해 떠나가라.'

저는 바다에 배를 띄워 멀리 신선이 먹는다는 찐 대추의 섬을 찾고 복숭아의 섬에 나아가기도 했는데, 이제 아름다운 모습으로 임금의 용안(龍顔)을 가까이에서 뵙게 되었습니다."

왕후는 가락국의 시조 수로가 하늘이 보낸 임금이고, 자신이 수로의 배필로 정해진 것도 하늘의 뜻이라고 말하고 있다. 그런데 이런 왕후의 말이 사실인지 아닌지 금관가야의 사람들이 확인할 수 있으면 안 된다. 그래서 왕후를 금관가야의 사람들이 직접 가서 확인할 수 없는, 아주 먼 곳의 아유타국 공주로 등장시켰다.

아유타국은 인도에 실제로 존재했던 아요디아라는 나라였다고 보는 것이 일반적이다. 이 대목에서 중요한 맥락은 수로 임금의 왕후가 진짜 아유타국의 공주이냐 아니냐보다 금관가야의 사람들이 직접 가서 확인할 수 없는, 그리고 직접 가지 않더라도 다른 루트를 통해서라도 확인하기 어려운 나라의 공주로 등장시켰다는 점이다. 수로 임금의 왕후 이야기는 무조건 믿어야 하는 것이지, 사실인지 아닌지 의심하면서 확인하고 믿어야 하는 것이 아님을 강조하고 있다.

수로 임금이 대답하였다. "나는 태어나면서부터 자못 성스러움이 있어 공주가 먼 곳으로부터 올 것을 미리 알았습니다. 그래서 신하들이 왕비를 맞으라는 청을 하였으나 감히 따르지 않았습니다. 이제 착하고 침착한 성격의 공주가 스스로 왔으니 저에게는 매우 다행한 일입니다." 그러고는 함께 이틀 밤과 하루 낮을 보냈다.

타고 온 배는 모두 돌려보냈다. 뱃사공이 모두 열다섯 명이었는데, 한 사람당 식량으로 멥쌀 10석과 베 30필씩을 주어 본국으로 돌아가게 하였다. 8월 1일 왕후와 함께 수레를 타고 천천히 궁궐로 들어오니, 이때 시간은 열두 시가 되려 하였다. 이후 왕후는 중궁(中宮)에 거처하고 함께 온 신하 부부와 하인들에게는 비어 있는 두 집을 주어 나누어 들어가게 하였다. 따라온 나머지 사람들에게도 20여 칸 되는 손님맞이 건물 한 채를 주어서 편안히 살게 하였다. 그러고는 날마다 풍부하게 지급하고, 그들이 싣고 온 진귀한 물건들은 안쪽 창고에 저장해 두어 왕후가 사시사철 사용하는 비용으로 삼게 하였다.

왕후가 타고 온 배를 금관가야에 계속 남겨두는 것이 아니라 바로 돌려보내 왕후의 이야기가 사실인지 아닌지 확인할 수 있는 흔적을 최대한 없애고 있다. 혹시라도 왕후의 이야기가 사실인지 아닌지 확인하고자 하는 사람이 나타나더라도 확인할 수 없게 만들어 수로 임금의 예지 능력을 무조건 믿게 만들기 위한 장치다. 이러한 나의 해석이 이상하게 들릴지 모르지만 왕후를 따라 금관가야에 정착한 사람들의 최후에 대한 이야기를 들으면 결코 이상하게 들리지 않을 것이다.

함께 온 신하 천부경(泉府卿) 신보와 종정감(宗正監) 조광 등은 나라에 온 지 30년 뒤에 각각 두 딸을 낳았는데 부부는 1~2년을 지나 모두 죽었다. 그 밖의 노비들도 온 지 7~8년 사이에 자식을 낳지 못하고 오직 고향을 그리워하는 슬픔을 안고 살다가 모두 죽어서 거처하던 손님맞이 건물이 텅 비고 아무도 없게 되었다.

너무 허망하고 슬픈 이야기 아닌가. 일반적으로 쉽게 일어나기 힘든 현상이다. 아무리 생각해도 왕후의 이야기를 확인할 수 있는 흔적을 완전히 없애버리고자 하는 의도에서 만들어진 이야기로밖에 들리지 않는다. '의심하지 말고, 확인하려 하지 말고, 무조건 믿어라.' 건국 신화는 원래 의심하거나 확인해서는 안 되는 이야기로 꽉 채워져 있는 것이고, 금관가야의 건국 신화 또한 예외가 아니다.

수로 임금과 왕비의 죽음도 신성했다

「가락국기」는 수로 임금과 왕후의 죽음 또한 매우 신성하게 서술하였다.

189년 3월 1일에 왕후가 돌아가셨으니 나이는 157세였다. 나라 사람들이 땅이 꺼진 듯이 슬퍼하며 구지봉의 동북쪽 언덕에 장사 지냈다.

왕후가 돌아가시자 임금은 항상 노래를 읊조리며 잠을 못 이루고 드러누워 몹시 슬퍼하며 10년을 지내다가 199년 3월 23일에 돌아가시니 나이는 158세였다. 나라 사람들이 하늘을 잃은 것처럼 비통해 함이 왕후가 죽은 날보다 더하였다. 마침내 궁궐 동북쪽 평지에 빈소를 차렸는데, 높이가 한 길이고 둘레가 300걸음이었다. 거기에 장사 지내고 수릉왕묘(首陵王廟)라고 이름 붙였다.

수로왕릉. 금관가야의 시조이자 김해 김씨의 시조인 수로왕의 무덤(출처: 국가문화유산포털)

임금과 왕후가 죽었을 때 나라 사람들 모두가 매우 슬퍼한다는 것은 일반적으로 나타나는 현상이기에 특별한 것은 아니다. 다만 왕후와 임금이 죽었을 때의 나이인 157세와 158세는 인간의 세상에서는 도저히 있을 수 없는 나이이니 금관가야의 건국 신화가 거짓이라는 증표가 될 수도 있다. 그럼에도 불구하고 그렇게 믿을 수 없는 나이를 써놓은 것은 수로 임금은 하늘의 아들이고, 왕후는 하늘이 특별히 점지하여 수로 임금에게 보낸 사람이니 일반 사람을 기준으로 보지 말라는 메시지를 담고 있다.

파사석탑, 건국 신화에 대한 또 다른 열정을 만나다

금관가야 건국 신화의 현장 구지봉 바로 동북쪽에 가면 왕후의 무덤인 수로왕비릉을 만날 수 있다. 수로왕비릉의 가장 앞쪽에 붉은색의 홍살문이 있고, 그다음에는 정문인 구남문이 있다.

구남문의 오른쪽으로 들어가면 쭉 뻗은 진입로 끝의 축대 위쪽에 늘 푸른 소나무로 둘러싸인, 크지도 작지도 않은 아담한 수로왕비릉이 눈에 들어온다. 참 예쁘고 깔끔하다. 수로왕비가

김해 수로왕비릉(출처: 국가문화유산포털)

189년 3월 1일에 하늘나라로 떠났다고 하니 1800여 년의 세월을 견디고 내 눈앞에 다가온 역사다. 아, 책 속에서만 읽던 수로왕비릉이 여기에 있구나! 수로왕비릉을 보는 것만으로도 금관가야의 건국 신화가 가깝게 느껴진다.

수로왕비릉으로 천천히 다가가다 보면 오른쪽의 작은 건물이 눈을 사로잡는다. 그 안에는 TV의 다큐멘터리에서 영상으로 가끔 만났던 파사석탑이 있다. 첫 느낌은 '저것이 석탑 맞나?'였다. 그냥 넓적한 돌 여섯 개를 쌓아놓았다는 것이 솔직한 심정이다. 하지만 일연 스님이 『삼국유사』에 「금관성파사석탑(金官城婆娑石塔)」이란 글을 쓸 때는 그렇지 않았던 것 같다.

탑은 둘레가 네 면이고 5층인데, 그 조각이 매우 기이하다. 돌에 작고 붉은 반점의 빛깔이 있고 그 재질이 매우 무르니 이 지방에서 나는 것이 아니다. 『신농본초』에서 말하는 닭 볏의 피를 찍어 시험했다는 것이 이것이다.

지금은 일연 스님이 매우 기이하다고 써놓은 조각의 모습을 찾기가 쉽지 않다. 그뿐만 아니라 쌓여 있는 여섯 개의 돌덩이를 보고 '둘레가 네 면이고 5층'이라는 일연 스님의 설명도 떠올리기가 쉽지 않다. 재질이 무른지는 실험할 수 없어 모르겠으나 '돌에 작고 붉은 반점의 빛깔이 있다'는 것만큼은 내 눈에도 그런 것 같다. 그렇다고 그것만으로 파사석탑의 돌이 이 지방에서

수로왕비가 아유타국에서 가져왔다고 전해지는 파사석탑(출처: 국가문화유산포털)

나는 것인지 아닌지 확인할 길은 없다. 다만 하나 분명한 것이 있다. 일연 스님은 파사석탑의 돌이 이 지방에서 나는 것이 아니라고 믿고 있었다. 그 이유는 일연 스님이 김해 지역의 사람들에게서 듣거나 책에서 본 이런 이야기 때문이다.

수로왕비가 부모님의 명을 받들어 바다를 건너 동쪽으로 가려고 하였는데, 파도의 신이 노여워하여 바다에 배를 띄우지 못했다. 그래서 다시 돌아가 아버지에게 그 사실을 알렸더니 아버지가 이 탑을 싣고 가라고 명하였다. 수로왕비가 그 탑을 배에 싣자 파도의 신이 노여움을 풀었고, 무사히 항해하여 김해의 남쪽 바닷가에 이르게 되었다.

탑은 부처님이다. 그러니 수로왕비가 아유타국에서 김해까지 그 먼 항해에서 만나는 파도의 신의 노여움을 부처님의 도움으로 가라앉히고 무사히 김해의 바닷가에 이르렀다는 이야기다. 불교가 들어와 정착한 후 불법의 힘이 최고로 여겨지던 시기에 건국 신화를 더욱 극적이고 생동감 있게 만들기 위해 새로 창작된 이야기로 보인다. 527년 이차돈의 순교를 통해 불교가 국가의 공인을 받은 신라에서도 그보다 훨씬 이전부터 일곱 곳의 절터가 예견되어 있었다는 등 많은 이야기가 소급되어 만들어졌던 것과 같은 유형이다. 다만 금관가야에서는 그것이 건국 신화에까지 이어졌다.

하지만 금관가야의 사람들은 언제부턴가 파사석탑의 이야기가 창작된 것이 아니라 역사적 사실이라고 믿었다. 일연 스님은 그것을 이렇게 에둘러 표현했다.

수로왕비가 파사석탑을 싣고 왔을 때 우리나라에는 아직 절을 세우고 불법을 받드는 일이 없었다. 대개 불교가 아직 들어오지 않아 이 지방 사람들이 믿고 따르지 않았기 때문에 「가락국기」에는 절을 세웠다는 글이 없다. 제8대 임금인 질지왕 2년(452)에 이르러서야 그 땅에 처음으로 절을 세웠고, 또 왕후사(王后寺)를 창건하여 오늘날에 이르기까지 받들어 복을 빌면서 더불어 남쪽 왜(倭)의 침입까지 막았다. 모두 「가락국기」의 본기에 나온다.

일연 스님이 파사석탑을 기록할 때 그것은 김해의 중심 도시 어디의 호계사(虎溪寺)에 있었다. 하지만 호계사가 1873년에 폐사되자 김해부사 정현석이 수로왕비릉 구역으로 옮겼고, 1993년 5월에는 그것을 영구 보존하기 위해 지금의 자리로 다시 옮겨 세우고 보호 비각까지 건립했다고 한다. 파사석탑을 돌아 나오며 앞으로도 더 오래오래 전해져 금관가야의 건국 신화를 풍부하게 전해주길 간절히 기대해본다.

7

주몽,
부여의 핍박을 뚫고
하늘의 나라
고구려를 건국하다

◎

고구려는 부여로부터 갈라져나왔다

중국의 고대 역사서 중 하나인 『삼국지(三國志)』는 서진(西晋, 265~316)의 진수(陳壽, 233~297)가 위(魏)·촉(蜀)·오(吳) 세 나라로 분리되어 있던 중국 삼국시대의 역사를 기록한 책이다. 그 중의 「위서(魏書)」에는 만주와 한반도 및 일본 지역의 이야기를 '동쪽 오랑캐의 기록'이란 뜻의 동이전(東夷傳)으로 수록했다. 여기에는 부여·고구려·동옥저·읍루·예·한·왜인 등 일곱 개의 나라가 기록되어 있는데, 그중 고구려 부분에 이런 문구가 나온다.

"동이의 옛말에 고구려를 부여의 별종으로 여기는데, 말이나 여러 가지가 부여와 같지만 그 기질과 의복은 다르다."

『삼국지』가 편찬될 당시 고구려가 부여로부터 갈라져 나왔다는 사실이 일반화되어 있던 모습을 엿볼 수 있다. 이는 『삼국사기』의 「고구려본기」에서도 쉽게 확인된다.

기원전 28년 8월, 고구려의 건국 시조 동명성왕의 어머니 유

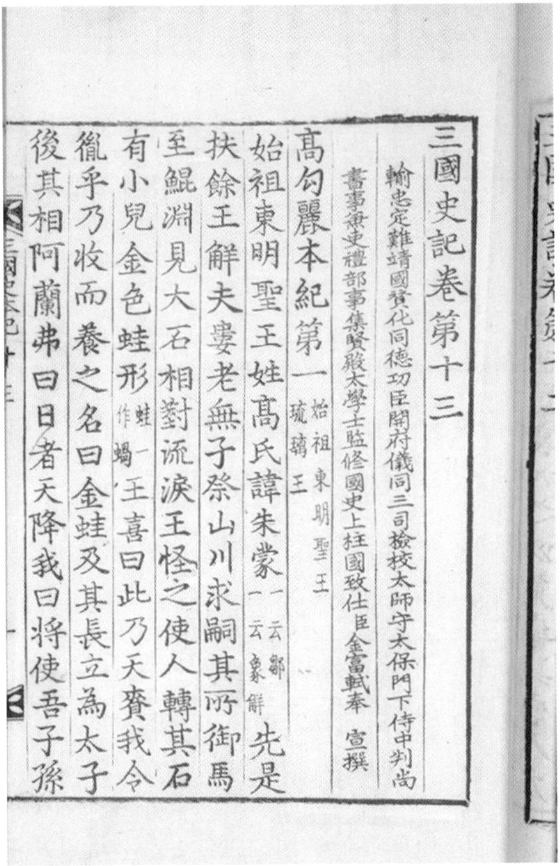

삼국사기_고구려본기_동명왕원년조(출처: 국가문화유산포털)

화가 동부여에서 죽으니, 동부여의 임금 금와가 태후의 예로서 장사 지내고 신묘(神廟)를 세워주었다. 기원전 19년 4월, 동명성왕이 부여에 있을 때의 부인인 예씨와 그때 낳은 맏아들 유리가 함께 도망해오자 그를 태자로 삼았다. 유리는 그해 9월에 동명성왕이 죽자 고구려의 2대 임금인 유리명왕이 되었다.

고구려 사람들은 고구려가 부여로부터 갈라져나왔다는 사실을 부정하지 않았다. 게다가 고구려의 건국 초창기에는 부여가 고구려보다 더 강한 나라였음이 『삼국사기』의 「고구려본기」에 이렇게 적혀 있다.

기원전 6년 1월, 부여의 임금 대소가 사신을 보내 예방하고는 인질 교환을 요청해왔다. 유리왕이 부여의 강대함을 두려워하여 태자 도절(都切)을 인질로 보내려 하였으나 도절이 두려워 가지 않으므로 대소가 화를 냈다. 그해 11월 대소가 병력 5만으로 침략하여 왔는데, 큰 눈이 내려서 사람이 많이 얼어 죽자 곧 물러갔다.

기원후 13년 11월, 부여 사람들이 쳐들어오자 임금이 아들 무휼을 보내 군대를 거느리고 막게 하였다. 무휼이 병력이 적어 대적할 수 없다고 생각하고는 기발한 계책을 세우고 친히 군사를 거느리고 산골짜기에 매복하였다. 부여의 병사들이 곧바로 학반령(鶴盤嶺) 아래에 이르자 복병이 나가 불의에 공격하니, 부여의 군대가 크게 패하여 말을 버리고 산으로 올라갔다. 무휼이 병사들을 풀어 그들을 모두 죽였다.

이후 『삼국사기』에는 부여의 기록이 별로 나오지는 않는데 서로 사이가 좋았던 것 같지는 않다. 121년에 고구려가 마한 · 예맥의 군사 1만여 명과 함께 한사군의 현토성을 포위 공격할 때 부여의 임금이 아들 위구태와 병력 2만을 보내 현토성의 병력과 협력하여 방어했기 때문에 실패했다. 다음해인 122년에도 고구려가 마한 · 예맥의 군사와 함께 한나라의 요동을 공격하였는데, 부여의 임금이 군사를 보내 요동을 구원하여 실패하였다.

『삼국사기』의 「고구려본기」는 이러한 부여가 고구려에게 완전히 항복해온 것이 21대 임금 문자왕 때인 494년 2월이었다고 적고 있다.

고구려의 건국 신화는 고구려가 부여로부터 갈라져 나왔다는 것, 건국 초창기만 하더라도 부여가 고구려보다 힘이 더 강했다는 것, 마지막으로 부여가 500년 이상 존재하다가 494년 2월에야 항복해오면서 멸망했다는 것을 역사적 사실로 인정한 상태에서 만들어졌다. 이에 따라 고구려의 건국 신화는 건국 자체가 다른 나라와 관계없이 독자적으로 이루어졌다고 본 신라나 가야의 건국 신화와는 전혀 다른 양상의 이야기 구조를 우리에게 남겨주었다.

부여는
하늘의 나라가 아니다

고구려의 건국 신화는 이렇게 시작된다.

시조 동명성왕(東明聖王)은 성이 고(高)씨이고, 이름은 주몽(朱蒙)이다. 이에 앞서 부여의 임금 해부루(解夫婁)가 늙도록 아들이 없자 산천에 제사를 지내어 대를 이을 자식을 구했다. 그가 탄 말이 곤못[鯤淵]에 이르렀는데, 마주 보며 눈물을 흘리는 큰 돌이 보였다. 임금이 그것을 괴상하게 여겨서 사람을 시켜 그 돌을 옮기니 어린아이가 있었는데 금빛 개구리의 모습이었다. 임금이 기뻐서 말하였다. "이는 곧 하늘이 나에게 후사를 이을 자식을 준 것이다." 곧 아이를 거두어 기르고는 이름을 금와(金蛙, 금빛개구리)라고 하였고, 장성하자 세워서 태자로 삼았다.

고구려의 시조 동명성왕을 이야기하고 나서 느닷없이 부여의 임금 해부루와 그 아들 금와의 이야기가 나온다. 그런데 부여의 임금 해부루가 하늘의 아들 또는 하늘의 자손이라는 어떤 암시도 없다. 부여가 아니라 고구려의 건국 신화이니 당연히 그렇게 해야 한다고 생각할 수 있지만, 고구려가 하늘의 나라 부여의 정통성을 잇고 있다고 보았다면 부여는 하늘의 아들이 세운 하늘의 나라라는 이야기를 만들었어야 한다. 하지만 그렇게 하지 않았다.

해부루의 아들 금와는 사람 아버지와 사람 어머니가 없는 금빛 개구리의 모습을 띤 어린아이로 나타났다. 해부루 임금은 이를 '하늘이 나에게 후사를 이을 자식을 준 것'이라고 이해하고는 장성하자 태자로 삼았다. 하지만 금와가 진정으로 하늘의 아들이란 이야기를 만들고자 했다면 신라나 가야의 건국 신화처럼 하늘과 관계된 알이나 날개 달린 말 등을 등장시켜야 했다. 그런데 금와는 사람 모습의 어린아이로 등장한다. 더구나 땅의 세계에 있는 개구리 중에 조금 미화된 금빛 개구리의 모습으로 묘사되었을 뿐이다. 금와는 태어나면서부터 특출한 존재이기는 했지만 하늘의 아들이라 보기에는 미흡하다는 뉘앙스를 은근히 풍기고 있다. 부여의 이야기는 이렇게 계속된다.

"후에 재상 아란불이 말하였다. 이전에 하늘의 임금(天帝)이 나에게 내려와 '장차 나의 자손이 이곳에 나라를 세우도록 할 것이니, 너희는 이곳을 피하라. 동쪽 바다의 물가에 가섭원(迦葉原)이라 부르는 땅이 있는데, 토양이 기름지고 오곡에 알맞으니 도읍으로 삼을 만하다.'고 말하였습니다. 아란불이 마침내 임금에게 권하여 그곳으로 도읍을 옮기고 나라 이름을 동부여라고 하였다."

아주 재미있는 대목이다. 재상 아란불의 말은 해부루 임금이 다스리던 부여의 수도가 하늘의 아들이 다스리는 나라의 수도가 아니라는 말이다. 내가 부여의 임금인 해부루였다면 재상 아란불의 그 말을 듣자마자 바로 그의 목을 쳤을 것이다. 부여가 하늘이 세운 나라가 아니라는 것은 해부루 임금 또한 하늘의 자손이 아니라는 의미이기 때문이다. 그것은 부여란 나라 자체를 부정하는 것인데, 그럼에도 해부루 임금은 아란불의 권유를 받아들여 도읍을 옮기고 나라 이름을 동부여라고 했다.

도읍을 옮기더라도 나라 이름을 계속 부여라고 해도 될 것을 왜 굳이 동부여라고 했을까. 아마 뭔가 쫓겨가는 상황이 발생한 것으로 읽을 수 있으며, 그렇게 쫓겨간 것 자체를 합리화시키기 위해 하늘[天]을 등장시켰을지도 모른다. 하지만 아무리 그렇다고 해도 하늘이 '장차 나의 자손이 이곳에 나라를 세우도록 할 것이니, 너희는 이곳을 피하라'는 이야기는 너희 나라는 하늘의 아들이 세운 하늘의 나라가 아니라는 의미 그 이상도 이하도 아니다.

하늘의 아들 해모수와 강의 신 하백의 딸 유화가 사랑을 나누다

부여의 옛 도읍지에는 어디서 왔는지 알 수는 없으나 스스로 하늘의 임금의 아들 해모수라고 칭하며 와서 도읍으로 삼은 사람이 있었다. 해부루가 죽자 금와가 동부여 임금의 자리를 계승하였다. 이때 금와 임금이 태백산 남쪽 우발수에서 한 여자를 만나 누구인지 물으니 대답하였다.

"저는 강의 신 하백(河伯)의 딸이고 이름은 유화입니다. 여러 동생들과 함께 나가 노는데, 스스로 하늘의 아들 해모수라고 부르는 남자가 있었습니다. 그가 저를 웅심산 아래로 불러내어 압록강가의 방 안에서 사랑을 나누었는데, 그는 곧바로 떠나서는 돌아오지 않았습니다. 부모님은 중매로 맺어주지도 않았는데 제가 다른 사람을 따라갔다고 꾸짖으며 벌을 주어서 우발수에서 귀양살이를 하고 있습니다."

유화는 고구려의 건국 시조 동명성왕의 어머니다. 그는 평범한 사람의 딸이 아니라 강의 신 하백의 딸이다. 신라의 건국 시조 혁거세와 가야의 건국 시조 수로는 사람 어머니가 없다. 두 나라 모두 다른 어떤 나라와도 관계없이 나라를 세웠다고 여겼기 때문에 건국 신화에서 사람 아버지와 사람 어머니를 등장시키지 않았다. 하지만 고구려는 부여란 나라에서 갈라져나왔다는 것을 상징하면서 건국 신화를 만들었기 때문에 사람 어머니를 없애지 못했다. 다만 사람 어머니이더라도 평범한 사람이어서는 안 된다. 그래서 강의 신 하백의 딸로 등장했다.

전통 시대는 남녀차별을 당연하게 여기던 시대이기 때문에 어머니의 핏줄이 아무리 신성해도 어머니를 통해 하늘의 나라임을 합리화시키지는 못했다. 그러니 하늘의 나라로 만들기 위해서는 하늘 아버지 또는 하늘의 아들이 등장해야 한다.

고구려의 건국 신화에서는 해부루 임금이 옮겨 떠나간 지역에 와서 나라를 세우고 도읍으로 삼은 해모수가 바로 하늘의 임금의 아들로 등장한다. 그러고는 뜬금없이 이 해모수가 동명성왕의 어머니인 유화를 만나 사랑을 나누는 것으로 이야기가 전개된다. 하지만 하늘의 아들 해모수가 고구려의 건국 시조가 아닌 이상, 그는 고구려인 누구나 만날 수 있거나 확인할 수 있는 존재여서는 안 된다. 그래서 하늘의 아들 해모수는 동명성왕의 어머니 유화와 사랑을 나눈 후 곧바로 떠나서는 다시는 돌아오지 않았다.

하늘의 아들 주몽,
닷 되쯤 되는 큰 알로 태어나다

금와 임금은 유화의 말을 이상하게 여겨서 방 안에 가두었다. 유화는 해가 비추어 몸을 끌어당기자 그것을 피하였으나 햇빛이 또 따라와 그를 비추어 임신하였다. 그러고는 알 하나를 낳았는데, 크기가 닷 되[升]쯤 되었다.

동부여의 금와 임금은 하늘의 아들 해모수와 사랑을 나누었다는 유화의 말을 이상하게 여겨 방 안에 가두었다. 방 안에 갇혔다는 것은 뭔가 극적인 상황이 전개되기 위한 준비 단계다. 아니나 다를까 유화는 그 방 안에서 고구려의 시조 동명성왕을 임신하게 된다. 유화의 말을 이상하게 여겨 가둔 방이라면 햇빛이 들어오기 어려웠을 텐데, 그 어려움을 뚫고 들어온 햇빛이 자꾸 따라다녔다. 그런데 유화는 그렇게 어렵게 들어온 햇빛조차 피하려고 하다가 결국엔 운명처럼 햇빛을 쬐어 임신을 한 것이다.

몇 겹의 어려움을 이겨내고, 그리고 스스로도 그것이 무슨 뜻인지 몰라 거부하려는 의지를 보였음에도 일이 성사되는 현상은 거부할 수 없는 극적인 운명임을 표현하기 위해 일반적으로

도입되는 형식이다. 동명성왕의 어머니 유화가 동명성왕을 임신하는 과정이 바로 그렇다. 여기서 햇빛은 임신이 하늘의 명령에 따라 이루어진 것이며, 그 햇빛을 받아 임신을 하여 낳은 아들은 하늘의 아들이라는 것을 상징한다.

동명성왕의 어머니 유화는 우여곡절 끝에 임신하였고, 배 속의 생명을 세상에 내놓았다. 그런데 유화가 낳은 것은 사람이 아니라 크기가 닷 되쯤 되는 큰 알이었다. 사람 어머니가 아기가 아니라 알을 낳았다는 것은 말도 안 되는 것이지만 고구려인들은 의심 한 점 없이 믿었다.

온갖 핍박을 이겨내다

동부여의 금와 임금은 유화가 낳은 알을 버려 개와 돼지에게 주었으나 모두 먹지 않았다. 그래서 또 길 한가운데에 버렸는데 소나 말이 피했고, 나중에는 그 알을 들판에 버렸더니 새가 날개로 덮어 따뜻하게 해주었다. 해도 해도 안 되자 금와 임금이 사람을 시켜 그 알을 쪼개려 하였으나 깨뜨릴 수가 없었다. 그래서 어쩔 수 없이 그 어머니 유화에게 돌려주었다.

어머니 유화가 물건으로 알을 곱게 싸서 따뜻한 곳에 두었더니 한 남자아이가 껍질을 깨고 나왔는데, 골격과 외모가 뛰어났다. 나이 일곱 살에 총명하고 예사롭지 않았는데, 스스로 활과 화살을 만들어 쏘니 백발백중이었다. 부여에서는 활을 잘 쏘는 것을 주몽이라 불렀기 때문에 그 아이의 이름을 주몽이라고 지었다.

금와에게는 일곱 아들이 있었는데, 늘 주몽과 함께 놀았으나 그 재주와 능력이 모두 주몽에게 미치지 못했다. 맏아들 대소(帶素)가 임금에게 말하였다. "주몽은 사람이 낳은 자가 아니어서 매우 용감합니다. 만약 일찍 도모하지 않으면 후환이 있을까 두려우니 그를 제거할 것을 청하옵니다." 하지만 금와 임금은 아들 대소의 말을 듣지 않고 대신 주몽에게 말을 기르도록 하였다.

주몽이 날랜 말을 알아보고는 적게 먹여서 여위게 하고, 둔한 말은 잘 먹여 살찌게 하였다. 그랬더니 금와 임금은 살찐 말을 타고, 마른 말은 주몽에게 주었다. 나중에 들판에서 사냥을 할 때는 주몽이 활을 잘 쏘기 때문에 화살을 적게 주었다. 하지만 주몽이 잡은 짐승의 수가 매우 많았다. 그래서 왕자와 여러 신하들이 또 그를 죽이려고 모의하였다.

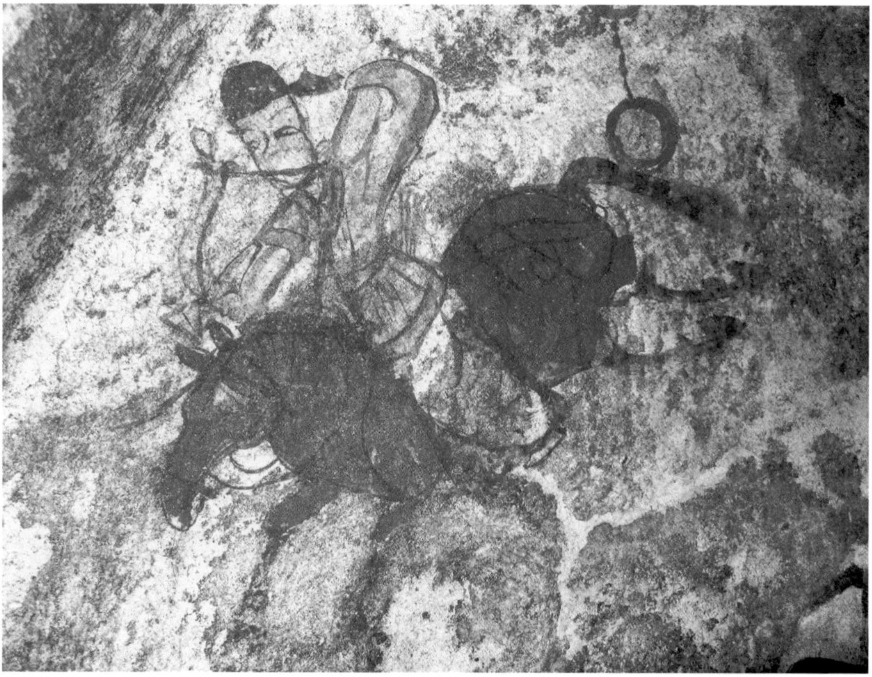

평안남도 남포시 덕흥리벽화고분. 호랑이를 향해 활시위를 당기는 기마인물
(출처: 이태호, 『고구려의 황홀, 디카에 담다』, p.166)

하늘과 강의 신이 주몽의 탈출을 돕다

왕자와 여러 신하들이 주몽을 죽이려는 계획을 착착 진행시켰지만 주몽에게는 도망치지 못하게 만드는 문제가 하나 있었다. 바로 어머니다. 자신을 낳아주고 갖은 핍박에도 자신을 보호하며 키워준 어머니와 함께 동부여를 떠날 것인지, 아니면 어쩔 수 없이 어머니를 남겨두고 떠갈 것인지 무척 고민스러웠다. 어머니와 함께 동행하여 떠나자니 속도가 느려져 잡힐지도 모르고, 어머니를 남겨두고 떠나자니 가슴이 허락하질 않았다. 고구려의 건국 신화는 이 문제를 이렇게 해결해주었다.

어머니 유화는 동부여의 왕자와 여러 신하들이 주몽을 죽이려는 계획을 알아차리고는 주몽에게 알려주며 말하였다. "나라 사람들이 장차 너를 해치려 한다. 너의 재주와 지략으로 어디를 가든 안 되겠느냐. 지체하여 머물다가 욕을 당하는 것은 멀리 가서 재능을 펼치는 것보다 못하다."

고구려의 건국 신화는 '건국 시조 동명성왕의 어머니는 위대하다'고 외치고 있다. 주몽이 그렇게 위대한 어머니를 동부여에 홀로 남겨두고 도망치듯 떠났음에도 고구려를 건국하는 것은 순조롭지 않았다.

주몽이 곧 오이(烏伊), 마리(摩離), 협보(陝父) 세 사람과 벗이 되어 도망가다가 엄사수(淹淲水)에 이르러 건너려고 하였는데 다리가 없었다. 추격해오는 병사들이 닥칠까 두려워 물에게 고하여 말하였다. "나는 하늘의 임금의 아들이요, 강의 신 하백의 외손이다. 오늘 도망하여 달아나는데 추격자들이 쫓아오니 어찌하면 좋은가." 그러자 물고기와 자라가 떠올라 다리를 만들어 주몽이 건널 수 있었다. 그러고는 물고기와 자라가 곧 흩어지니 추격해오던 기병은 건널 수 없었다.

주몽은 동부여에서 세력을 크게 규합할 상황이 아니었기 때문에 함께 떠난 사람은 오이, 마리, 협보 세 사람으로 상징되는 소수였다. 그래서 수적으로 훨씬 우세한 추격자들과 싸울 엄두도 낼 수 없었고, 어떻게든 빨리 도망가서 추격의 범위로부터 벗어나려 애썼다.

추격자들의 추격을 따돌리는 데 가장 장애가 되는 자연은 산과 들이 아니라 강이다. 산과 들에서의 속도는 말을 타고 달리는 도망자나 추격자가 다를 수 없다. 하지만 강은 배가 준비되어 있지 않는 한 도망자가 멈출 수밖에 없어 추격자에게 잡힐 가능성을 높게 만드는 장애물이다.

고구려의 건국 신화에서도 주몽 일행은 급하게 도망치느라 배를 준비시켜놓을 겨를이 없었기 때문에 엄사수란 강을 만나자 큰 어려움에 처하게 되었다. 이럴 때 강이란 장애물을 극복하는 방법은 하늘의 도움을 받는 것밖에 없다. 그래서 주몽이 외치자 기적이 일어났다. 고구려의 건국 신화는 강이라는 장애물을 등장시켜 극적 효과를 배가시키고 있다.

하늘의 아들 주몽,
하늘의 나라 고구려를 건국하다

주몽이 하늘과 강의 신의 도움을 받아 동부여의 추격자들을 완전히 따돌렸으니, 이제부터는 자신의 출중한 재주와 능력을 바탕으로 새로운 나라를 건국하면 될 것 같다. 하지만 주몽과 함께 온 사람이 오이, 마리, 협보 등 세 사람에 불과했기에 새로운 나라를 건국하려면 더 많은 무리를 끌어들여야 했다. 고구려의 건국 신화는 그 과정을 이렇게 전한다.

주몽이 도망하다가 모둔골[毛屯谷]에 이르러 세 사람을 만났다. 그중 한 사람은 삼베로 만든 옷[麻衣]을, 한 사람은 헝겊으로 기운 옷[衲衣]을, 한 사람은 물풀인 마름으로 만든 옷[水藻衣]을 입었다. 주몽이 물었다. "당신들은 누구인가. 성은 무엇이고 이름은 무엇인가."

삼베로 만든 옷을 입은 사람은 이름이 재사(再思)라고, 헝겊으로 기운 옷을 입은 사람은 무골(武骨)이라고, 물풀인 마름으로 만든 옷을 입은 사람은 묵거(默居)라고 대답하였으나 성(姓)을 말하지는 않았다. 그래서 주몽은 재사에게 극(克)씨를, 무골에게는 중실(仲室)씨를, 묵거에게는 소실(少室)씨의 성씨를 주고는, 곧 자신을 따라온 무리를 바라보며 말하였다. "내가 바야흐로 하늘의 크나큰 명령을 받아 나라의 기틀을 열려고 하는데 마침 이 세 명의 현명한 사람을 만났으니 어찌 하늘이 내려주신 것이 아니겠는가."

삼베로 만든 옷을 입은 사람, 헝겊으로 기운 옷을 입은 사람, 물풀인 마름으로 만든 옷을 입은 세 사람은 옷이 세련되지 못하고 성씨를 갖고 있지 못했으니 아직도 나라를 건국하지 못한 채 살아가고 있는 볼품없는 무리다. 주몽은 그런 무리에게 성씨를 하사하여 자신의 세력으로 완전히 끌어들였다. 서로 다른 무리로 만났지만 완전히 융합된 하나의 세력이 되었음을 선언하고 있다. 이제 추격자들의 추격권으로부터 벗어났을 뿐만 아니라 무리의 규모도 늘렸으니 새로운 나라를 세울 만반의 준비가 다 되었다.

주몽은 그들의 능력에 따라 각기 일을 맡기고 그들과 함께 졸본천에 이르렀다. 그리고 그 토양이 기름지고 아름다우며 산과 물이 험하고 견고한 것을 보고는 드디어 그곳에 도읍을 정하려 하였다. 하지만 궁궐을 지을 겨를이 없어 단지 비류수(沸流水) 위에 오두막을 짓고 살았다. 나라 이름을 고구려(高句麗)라 하고는 그로 인해 고(高)를 성씨로 삼았다. 그때 주몽의 나이는 스물두 살로 한나라 효원제(孝元帝) 건소 2년이자 신라 시조 혁거세 21년인 기원전 37년이었다.

하늘의 아들 주몽이 기원전 37년에 드디어 새로운 하늘의 나라 고구려를 건국한 것이다. 하지만 아직도 그 힘은 약했다. 궁궐을 지을 겨를이 없어 단지 비류수 위에 오두막을 짓고 살 정도밖에 안 되었으니 말이다. 이제 진짜 주변 나라와 경쟁할 수 있는 나라다운 나라의 토대를 닦아야 하는 과제가 주몽 앞에 내려졌고, 주몽은 그 과제를 훌륭하게 수행해냈다.

사방에서 주몽이 나라를 건국했다는 소식을 듣고 와서는 복종하는 자가 많았다. 그들의 땅은 말갈의 부락에 이어져 있었기 때문에 말갈이 침입하여 도적질의 피해를 입을까 항상 두려워하고 있었다. 그때 주몽이 말갈을 물리치자 말갈은 두려워 복종하면서 감히 다시는 침범하지 못하였다.

어느 날 주몽 임금은 비류수의 가운데에 나물의 잎이 하나둘

떠내려오는 것을 보고는 다른 사람이 상류에 살고 있다는 사실을 알게 되었다. 그래서 사냥할 때 일부러 찾아가서 비류국(沸流國)에 이르자 그 나라의 임금 송양(松讓)이 나와서 보고는 말하였다. "내가 바다의 모퉁이에 치우쳐 있어서 일찍이 군자를 만나볼 수 없었는데, 오늘 우연히 서로 만나니 또한 다행이 아닌가. 그러나 그대가 어디서 왔는지 나는 모르겠다."

주몽 임금이 대답하였다. "나는 하늘의 임금의 아들이고 모처에 와서 도읍하였다." 송양이 말하였다. "우리는 여러 대에 걸쳐 임금이 되었다. 땅이 작아 두 주인을 수용할 수 없는데, 그대는 도읍을 세운 지 얼마 되지 않았으니 우리나라에 기대서 사는 것이 어떠하겠는가." 주몽 임금이 그 말에 화가 나서 그와 더불어 언쟁을 벌였고, 또한 서로 활쏘기로 능력을 겨루었다. 송양은 주몽에게 대적할 수 없었다.

주몽은 이렇게 세력을 규합하면서 하늘의 나라 고구려의 기반을 튼튼하게 다져나갔다.

8

중국의 역사서,
하늘의 나라 백제의
건국 신화를 전하다

◎

정설의 건국 신화 속 백제는 '사람의 나라'다

신라의 건국 시조 혁거세와 가야의 건국 시조 수로는 어머니 없이 하늘에서 직접 내려온 하늘의 아들이었다. 반면에 고구려의 건국 시조 주몽은 어머니는 강의 신 하백의 딸이고, 아버지는 하늘이었다. 그런데 『삼국사기』 「백제본기」의 건국 신화는 신라, 가야, 고구려의 건국 신화와는 전혀 다른 모습을 전한다.

백제의 시조 온조왕은 아버지가 추모인데 혹은 주몽이라고도 하였다. 주몽이 북부여에서 난을 피해 졸본부여에 이르렀는데, 졸본부여의 임금은 아들이 없고 단지 딸만 셋이었다. 주몽을 보고 보통 사람이 아님을 알고는 둘째 딸을 아내로 삼게 하였다. 얼마 지나지 않아 졸본부여의 임금이 돌아가자 주몽이 왕위를 이었고, 두 아들을 낳았는데 맏아들은 비류라 하였고, 둘째 아들은 온조라 하였다.

백제의 건국 신화에서 건국 시조 온조의 아버지는 졸본부여의 임금인 주몽이었고, 어머니는 졸본부여 임금의 둘째딸이었

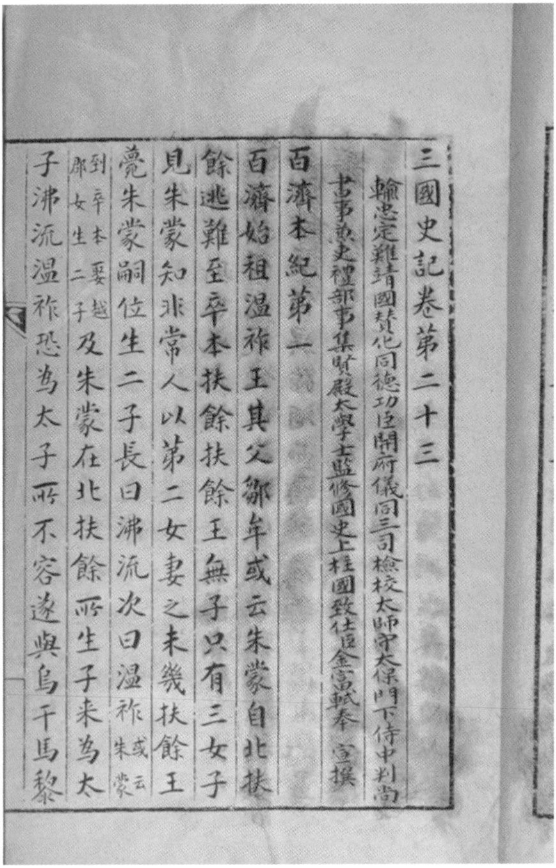

삼국사기_백제본기(출처: 한국학중앙연구원)

다. 그런데 아버지인 주몽이 하늘의 아들로 태어났다거나 하늘의 자손이라는 어떠한 서술도 없다. 따라서 『삼국사기』 「백제본기」의 건국 신화만 놓고 보면 백제의 건국 시조 온조의 아버지인 주몽은 사람 아버지이고, 어머니 또한 사람 어머니다. 혹시 그다음의 전개 과정에서 온조가 실제로는 사람의 아들이 아니라 하늘의 아들이라거나 자손이라는 반전을 기대하면서 이어지는 이야기를 들어보자.

주몽이 북부여에 있을 때 낳은 아들이 와서 태자가 되자, 비류와 온조는 태자가 그들을 용납하지 않을까 두려워하여 마침내 오간, 마려 등 열 명의 신하와 더불어 남쪽으로 갔는데 그들을 따르는 백성이 많았다. 드디어 한산에 이르러 부아악에 올라 살 만한 곳을 바라보았다. 비류가 바닷가에 살고자 하니 열 명의 신하가 만류하면서 말하였다.

"오직 이 강의 남쪽 땅만이 북쪽으로는 한수를 띠처럼 두르고, 동쪽으로는 높은 산에 의지하였으며, 남쪽으로는 비옥한 땅이 바라보이고, 서쪽으로는 큰 바다에 막혀 있으니, 하늘이 준 험준함과 땅의 이로움이 다른 곳에서 얻기 어려운 형세입니다. 여기에 도읍을 세우는 것이 마땅하지 않겠습니까."

비류는 열 명의 신하의 말을 듣지 않고 그 백성을 나누어 미추홀로 돌아가서 살았다. 온조는 강 남쪽의 위례성에 도읍을 정

천안성거산위례성. 백제의 시조 온조가 처음 도읍을 정한 곳(출처: 국가문화유산포털)

하고 열 명의 신하의 보좌를 받아 국호를 십제(十濟)라 하였다. 이때가 기원전 18년이었다.

비류는 미추홀의 땅이 습하고 물이 짜서 편안히 살 수 없었고, 위례에 돌아와 보니 도읍은 안정되고 백성이 평안하므로 마침내 부끄러워하며 후회하다가 죽으니, 그 신하와 백성들이 모두 위례로 돌아왔다. 나중에는 내려올 때 백성들이 즐겁게 따랐다고 하여 국호를 고쳐서 백제(百濟)라고 하였다. 그 계통은 고구려와 더불어 부여에서 나왔기 때문에 부여(扶餘)를 성씨로 삼았다.

주몽의 아들인 비류와 온조가 졸본부여의 임금이 되지 못하고 떠나게 된 이유와 과정, 그리고 새로운 지역에 내려와 형인 비류가 아니라 동생인 온조가 백제의 건국 시조가 된 이유와 과정이 서술되어 있다. 아무리 찾아봐도 백제의 건국 시조 온조는 물론이거니와 그의 아버지인 주몽까지도 하늘의 아들이라거나 자손이라는 암시는 전혀 없다. 그렇다면 온조는 사람의 아들임이 분명한데, 그런 사람의 아들이 건국한 백제는 당연히 하늘의 나라가 아니라 사람의 나라가 아닌가.

하늘이 인간 세계 최고의 권위를 갖고 있던 전통 시대에 하늘로부터 통치권을 부여받았다는 정통성을 자연스럽게 인정받지 못한 '사람의 나라'는 허약한 나라일 뿐이다. 그래서 고대 대부분의 문명권에서는 어떻게든 건국 시조가 하늘과 연결된 존재임을 부각시키는 건국 신화가 만들어졌다. 이렇게 본다면 『삼국사기』「백제본기」의 건국 신화는 건국 시조 온조와 하늘과의 연결 관계가 전혀 서술되어 있지 않아, 일반적인 건국 신화에서는 보기 어려운 특이한 사례가 된다. 심하게 말하면 건국 신화라고 보기도 어렵다. 그냥 건국 과정을 보여주고 있을 뿐이다.

이설의 건국 신화 속 백제도 '사람의 나라'다

『삼국사기』「백제본기」에는 동생인 온조가 백제의 건국 시조라는 정설뿐만 아니라 형인 비류가 백제의 건국 시조라는 이설도 적어놓았다. 혹시 여기에 비류가 하늘의 아들이라거나 자손이라는 줄거리가 있을지도 모르니, 그 시작을 살펴보자.

일설에는 이렇게 말한다. 시조 비류왕은 아버지가 우태로, 북부여의 임금 해부루의 서자 계통의 자손이었고, 어머니는 소서노로, 졸본 사람 연타발의 딸이었다. 처음에 소서노가 우태에게 시집 가서 아들 둘을 낳았는데 큰 아들은 비류라 하였고, 둘째는 온조라 하였다. 우태가 죽자 소서노는 졸본에서 과부로 살았다. 뒤에 주몽이 부여에서 용납되지 못하자 기원전 37년 봄 2월에 남쪽으로 도망하여 졸본에 이르러 도읍을 세우고는 국호를 고구려라고 하였으며, 소서노를 맞아들여 왕비로 삼았다. 주몽이 나라를 창업하는 데 소서노가 내조한 공이 자못 있었기 때문에 그를 총애하고 대접함이 특별히 후하였고, 비류 등을 자신의 자식처럼 대하였다.

이제 따져보자. 비류의 먼 조상 해부루는 북부여의 임금이었지만 하늘의 아들이라거나 자손이라는 이야기가 적혀 있지 않다. 해부루의 서자 계통인 비류의 아버지 우태 또한 마찬가지다. 비류의 어머니 소서노는 임금의 딸도 아니고 그냥 졸본 사람 연타발의 딸이었다. 따라서 백제의 건국 시조 비류는 사람 아버지와 사람 어머니 사이에 태어난 사람일 뿐이다.

친아버지 우태가 죽자 어머니 소서노는 고구려의 건국 시조가 된 주몽 임금과 재혼하였다. 이 때문에 비류는 새아버지 주몽 임금의 아들로서 왕자가 된 것인데, 새아버지 주몽 또한 하늘의 아들이라거나 자손이라는 서술이 전혀 나오지 않는다. 따라서 비류는 친아버지든 새아버지든 하늘과 전혀 연결 관계를 갖고 있지 않은 사람이다. 여기서도 혹시 그다음의 전개 과정에서 비류가 실제로는 사람의 아들이 아니라 하늘의 아들이라거나 자손이라는 반전이 있을 수도 있으니, 이어지는 모든 이야기를 들어보자.

주몽이 부여에 있을 때 예(禮)씨에게서 낳은 아들 유류(孺留)가 고구려에 오자 그를 세워 태자로 삼고 왕위를 잇게 하였다. 이에 비류가 동생 온조에게 말하였다.

"처음에는 대왕께서 부여의 난을 피해 도망하여 이곳에 왔을 때 우리 어머니가 집의 재산이 기울어지면서까지 도와서 나라를 세우는 위업이 이루어질 수 있게 하였으니, 어머니의 조력과 공로가 많았다. 그러나 대왕께서 돌아가시자 나라가 유류에게 돌아갔으니, 우리들이 헛되이 여기에 있으면서 쓸모없는 사람과 같이 되는 것보다 차라리 어머니를 모시고 남쪽으로 가서 살 곳을 선택하여 별도로 도읍을 세우는 것이 좋겠다."

그러고는 마침내 그의 아우와 함께 한 무리를 이끌고 패수(浿水)와 대수(帶水)를 건너 미추홀에 와서 살았다.

여기서도 비류가 새아버지이자 부여의 임금인 주몽을 계승하여 고구려의 임금이 되지 못하고 동생 온조와 함께 떠나게 된 이유와 과정, 그리고 새로운 지역인 미추홀에 정착하는 이야기만 서술되어 있다. 아무리 찾아봐도 백제의 건국 시조 비류는 물론이고 그의 아버지인 우태와 새아버지인 주몽, 그리고 혈통으로 연결되는 가장 먼 조상인 북부여의 임금 해부루까지도 하늘의 아들이라거나 자손이라는 암시가 전혀 없다. 결국 이설 속의 건국 시조 비류 또한 사람의 아들이다. 그런 사람의 아들이 건국한 백제는 당연히 하늘의 나라가 아니라 사람의 나라인데, 이것은 온조를 백제의 건국 시조로 보는 정설과 하등 다를 바가 없다.

중국의 역사서 『북사』, 하늘의 나라 백제를 기록하다

일연 스님의 『삼국유사』도 백제의 건국 신화에 대해서는 『삼국사기』의 것을 그대로 따랐다. 그래서 우리나라의 역사서만으로 보면 백제는 하늘의 나라가 아니라 사람의 나라다. 그렇다면 신라 · 고구려와 치열한 공방전을 벌이면서 7백 년 가까이 번영했던 문명국 백제에는 진짜 건국 시조를 하늘과 연결시킨 건국 신화가 없었던 것일까. 아니 백제인들은 자신의 나라가 하늘의 나라라는 건국 신화를 진짜 만들지 않았던 것일까. 그런데 중국의 역사서인 『북사(北史)』「열전」의 백제에 우리나라의 역사서에서는 볼 수 없는 내용이 수록되어 있다.

백제란 나라는 대개 마한의 족속이며, 색리국(索離國)에서 나왔다. 색리국의 임금이 밖에 나갔을 때 시녀가 후궁(後宮)에서 임신하였다. 임금이 돌아와서 그를 죽이려고 하자 시녀가 말했다. "앞서 하늘에서 큰 달걀만 한 기운이 내려오는 것을 보았는데, 그것에 감응되어 임신하였습니다." 임금이 그를 놓아주었더니 나중에 아들을 낳았다.

임금이 그 아이를 돼지우리에 두었더니 돼지가 입의 기운을 불어넣어 죽지 않았다. 나중에 마구간으로 옮겨놓으니 또한 마찬가지였다. 임금이 신령스럽다고 여겨서 그 아이를 기르도록 명하였고, 이름을 동명(東明)이라 하였다.

장성하여 활을 잘 쏘았는데, 임금은 그의 용맹함을 꺼려 다시 그를 죽이려고 하였다. 동명이 곧 도망하여 남쪽의 엄체수(淹滯水)에 이르러 활로 물을 치니 물고기와 자라들이 모두 다리를 만들었다. 동명은 그것에 올라 물을 건널 수 있었는데, 부여(夫餘)에 이르러 임금이 되었다.

동명의 후손 중에 구태(仇台)가 있었는데, 어짊과 믿음이 두터웠고, 대방의 옛 땅에 처음으로 나라를 세웠다. 한나라의 요동태수 공손도(公孫度)가 딸을 그에게 시집보냈는데, 마침내 동쪽 오랑캐(東夷)의 강국이 되었다. 처음에 100집[百家]이 건너왔다고 하여 백제(百濟)라고 불렀다.

『북사』에 기록된 백제의 건국 신화에서 건국 시조는 구태다. 그가 온조인지, 비류인지 아니면 또 다른 인물인지 궁금하기도 하지만 그것을 증명할 수 있는 것은 아무것도 전해지지 않으니, 더 이상 관심을 두지 말자. 중요한 것은 건국 시조 구태의 가계 기록이다.

구태는 동명의 후손이고, 동명의 어머니는 색리국 임금의 시녀로 사람이다. 하지만 어머니가 하늘에서 큰 달걀만 한 기운에 감응되어 임신한 후 동명을 낳았다고 서술되어 있어 동명은 하늘의 아들이다. 그런데 하늘의 아들인 동명은 이미 임금이 있던 색리국에서는 태어나면서부터 핍박을 받을 수밖에 없는 존재다. 그래서 '임금이 그것을 돼지우리에 두었더니 돼지가 입의 기운을 불어넣어 죽지 않았다. 나중에 마구간으로 옮겨놓으니 또한 마찬가지였다'는 이야기가 만들어졌다.

하지만 그런 핍박에도 죽일 수 없자 색리국의 임금은 어쩔 수 없이 동명의 생명만은 살려주었다. 그렇게 어렵게 살아난 동명은 자라나면서 활을 잘 쏘고 용맹한 청년이 되어 색리국의 왕권을 위협하는 존재로 인식되었다. 이에 색리국의 임금은 동명을 당연히 제거하려 하였고, 장성한 동명이기에 색리국 임금의 살해 위협을 피해 그곳을 떠났다. 그리고 하늘의 아들답게 일반 사람이라면 불가능한 물고기와 자라의 도움을 받아 엄체수를 건너 부여에 이르러 새로운 나라의 임금이 되었다.

『북사』는 당나라(唐, 618~907)의 이연수(李延壽)가 643년에서 659년 사이에 중국 남북조시대의 북조(北朝) 242년간의 역사를 기술한 역사서다. 따라서 거기에 수록된 백제의 건국 신화는 660년 백제가 나당연합군에 의해 멸망하기 전에 전해진 정보에 따라 기록된 것이다. 『북사』는 하늘의 아들 동명의 핏줄을 이은 구태가 하늘의 나라 백제를 건국했다는 백제의 건국 신화를 우리에게 전해주고 있다.

『북사』에는 고구려의 건국 신화도 실려 있다

『북사』「열전」의 고구려전에는 고구려의 건국 신화도 이렇게 실려 있다.

고구려는 그 선조가 부여에서 나왔다. 부여의 임금이 일찍이 강의 신인 하백의 딸을 얻어서는 방 안에 가두었다. 하백의 딸은 햇빛이 비추자 몸을 당겨 피했으나 햇빛이 다시 쫓아와 드디어 임신하고는 큰 알을 하나 낳았는데, 크기가 닷 되만 하였다.

부여의 임금이 그 알을 버려 개에게 주었으나 개가 먹지 않았고, 돼지에게 주었으나 돼지도 먹지 않았다. 길가에 버렸더니 소와 말이 그것을 피해 다녔고, 들판에 버렸더니 많은 새들이 깃털로 그 알을 부드럽게 해주었다. 임금이 그 알을 쪼개려고 하였으나 깨뜨릴 수 없게 되자, 드디어 그 어머니에게 돌려주었다.

그 어머니가 물건으로 알을 싸서 따뜻한 곳에 놓아두니 사내아이 하나가 껍질을 깨고 나왔다. 장성하니 이름을 주몽(晝夢)이라 하였는데, 그 나라의 말에 주몽(朱蒙)이란 것은 활을 잘 쏜다는 뜻이다. 부여 사람들은 주몽이 사람의 소생이 아니라며 그를 제거할 것을 청하였으나 임금은 듣지 않고 주몽에게 말을 기르도록 명하였다.

주몽은 혼자서 시험하여 좋은 말과 나쁜 말이 있음을 파악하고는 뛰어난 말은 적게 먹여서 야위도록 하고 둔한 말은 잘 길러서 살이 찌도록 하였다. 부여의 임금이 살찐 말은 스스로 타고 야윈 말을 주몽에게 주었다. 나중에 사냥터에서 사냥을 할 때 주몽이 활을 잘 쏜다고 여겨서 화살을 한 개씩 주었다. 주몽은 비록 화살 한 개씩이었지만 잡은 짐승이 매우 많았다.

부여의 신하들이 또 주몽을 죽이려고 모의하자, 그 어머니가 주몽에게 알려주었다. 주몽은 곧 언위(焉違) 등 두 사람과 함께 동남쪽으로 달아났고 도중에 큰 강을 만나 건너려고 하였는데 다리가 없자 부여 사람들이 그를 추격하여 매우 급박해졌다. 주몽이 물에 고하여 말하였다.

"나는 태양의 아들이요, 강의 신인 하백의 외손이다. 지금 추격병들이 들이닥치게 되었으니 어떻게 하면 건널 수 있겠는가."

이에 고기와 자라들이 그를 위해 다리를 만들어주었고, 주몽이 건너자 물고기와 자라들이 곧 흩어져서 추격하는 기병들은 건너지 못하였다. 주몽은 마침내 보술수(普述水)에 이르러 우연히 세 사람을 만났다. 한 사람은 삼베옷을, 한 사람은 무명옷을, 한 사람은 부들로 짠 옷을 입고 있었는데, 주몽과 함께 흘승골성(紇升骨城)에 이르러 드디어 정착해서 살았다. 나라 이름을 고구려라고 하였기 때문에 고(高)를 성씨로 삼았다.

『북사』「열전」의 고구려전에 실려 있는 건국 신화는 분량이 축소되어 있을 뿐 『삼국사기』「고구려본기」의 건국 신화와 내용이 거의 동일하다. 따라서 『북사』가 편찬되기 이전 『삼국사기』의 「고구려본기」에 수록된 건국 신화가 중국에까지 전해졌음을 알 수 있다. 다만 『삼국사기』「고구려본기」의 건국 신화에는 주몽이 고구려의 임금이 되고 나서 동명성왕이라 불렸다는 내용이 있지만 『북사』의 고구려 건국 신화에는 주몽이란 이름만 나온다.

『북사』에 수록된 백제의 건국 신화에는 주몽이 아니라 동명이라고 적혀 있다. 『북사』에 수록된 고구려와 백제의 건국 신화는 전체적인 이야기 구조가 비슷하지만 구체적인 서술에서는 차이가 있다. 고구려는 고구려대로 자신들의 건국 신화를, 백제는 백제대로 자신들의 건국 신화를 만들어 믿고 있었고, 그것이 중국으로 전해져 전체적인 구도는 비슷하지만 구체적인 내용에서는 다르게 기록된 것이다.

중국의 역사서 『수서』도 하늘의 나라 백제를 전하다

636년 당 태종의 명을 받아 편찬했다는 수나라(隋, 581~618)의 역사서 『수서(隋書)』 「동이열전」의 백제 부분에도 백제의 건국 신화가 이렇게 전한다.

백제의 선조는 고구려로부터 나왔다. 그 나라 임금에게 한 시녀가 있었는데, 갑자기 임신을 하였다. 임금이 그를 죽이려고 하자 시녀가 말하였다.

"달걀 같은 모양의 물건이 나에게 와서 감응되어 임신이 되었습니다."

임금이 그냥 놓아주었더니 나중에 드디어 한 남자아이를 낳았다. 그를 뒷간에 버렸으나 오래도록 죽지 않았다. 신령스럽다고 여겨서 그를 기르도록 명하고는 이름을 동명이라고 하였다. 장성하자 고구려의 임금이 그를 꺼렸고 동명이 두려워하여 도망가서 엄수(淹水)에 이르렀는데, 부여 사람들이 모두 그를 받들었다.

동명의 후손 중에 구태라는 자가 있었는데, 어짊과 믿음이 두터웠고, 대방(帶方)의 옛 땅에 처음으로 그 나라를 세웠다. 한나라의 요동태수 공손도가 딸을 그에게 시집보냈는데, 점차 번영하여 동쪽 오랑캐의 강국이 되었다. 처음에 100집이 바다를 건너왔다고 하여 백제라고 불렀다.

『수서』에 기록된 백제의 건국 신화는 『북사』에 기록된 백제의 건국 신화와 구도가 비슷하다. 다만 내용이 더 짧고 고구려와 부여의 이름이 다르게 기록된 차이가 있다. 하지만 백제가 하늘의 아들 동명의 자손인 구태가 세운 하늘의 나라라는 점에서는 하등 차이가 없다.

『수서』는 『북사』보다 먼저 편찬된 역사서로 660년 백제가 멸망하기 이전에 확보한 정보에 따라 기록한 것이다. 이런 『수서』를 통해 우리는 백제인들이 자신들의 나라가 하늘의 아들 동명의 핏줄을 이은 하늘의 나라란 건국 신화를 만들어 굳게 믿고 있었던 사실을 다시 한번 확인할 수 있다.

9

고구려가 부정한 부여도 하늘의 나라였다

◎

부여는 오랫동안 번영했던 문명국가였다

고구려의 건국 신화에서 하늘의 아들은 닷 되만 한 알로 태어난 건국 시조 주몽이다. 주몽이 태어날 때 동부여의 임금이었던 금와 또한 사람 아버지와 사람 어머니 없이 금빛 개구리의 모습으로 태어났지만 하늘과 직접적인 연결 관계를 분명하게 보여주는 이야기로 꾸며져 있지는 않았다. 금와의 아버지 해부루도 동부여의 임금이었을 뿐 하늘과 직접적인 연결 관계를 갖고 있는 내용이 없다.

고구려의 건국 신화이기에 건국 시조 주몽 이전에 존재했던 임금들이 하늘의 아들이라거나 자손이라고 서술할 수 없었던 상황이 이해는 간다. 하지만 해부루와 금와 임금이 다스렸던 부여는 고구려가 건국된 이후에도 계속 번영했던 나라다.

중국의 역사서인 『삼국지』「위서」의 동이전에는 부여가 고구려보다 먼저 기록되어 있고, 임금이 여러 신하를 거느리고 다스리는 문명국가로 나온다. 한나라 말년에 부여 임금 위구태(尉仇

台)가 죽자 간위거(簡位居)가 그다음의 임금이 되었는데, 그는 위나라(魏, 220~265) 때인 240년에서 248년 사이에 부여의 임금이었다. 그리고 간위거가 죽자 마여(麻餘)가 그다음의 임금이 되었고, 마여가 죽자 그의 여섯 살짜리 아들 의려(依慮)가 임금의 자리를 이었다.

서진(西晉, 265~316)의 역사를 편찬한 『진서(晉書)』「동이열전」에도 부여가 기록되어 있다. 285년에 모용외(慕容廆)의 침입을 받아 부여의 임금 의려(依慮)가 자살했으며, 의라(依羅)가 그다음의 임금이 되었다고 서술되어 있다.

고구려보다 먼저 건국되어 494년 2월까지 500년 이상 존재했던 문명국가였다면 하늘의 나라라는 자신들만의 독자적인 건국 신화를 가졌을 것으로 충분히 예상할 수 있다. 하지만 김부식의 『삼국사기』는 신라 · 고구려 · 백제에 대한 역사서이기 때문에 부여의 건국 신화를 기록하지 않았다. 그리고 고구려의 건국 신화에서 부여는 고구려의 건국 시조이자 하늘의 아들 주몽이 태어난 나라이지만 주몽을 핍박하여 고구려란 새로운 나라를 세우게 만든 나라 정도로만 묘사되어 있을 뿐이다.

하늘의 나라 부여,
일연 스님이 기록하다

신라 · 고구려 · 백제의 역사를 기록한 『삼국사기』만 전해졌다면 부여는 영원히 하늘의 나라가 아니라 사람의 나라로만 남았을 것이다. 다행히 우리에게는 신라 · 고구려 · 백제만이 아니라 당시까지 전해지던 우리나라 고대 국가의 이야기들을 모아 기록한 일연 스님의 『삼국유사』가 있다. 여기에 짧지만 부여의 건국 신화가 담겨 있는데, 먼저 북부여에 대한 이야기로부터 시작된다.

옛 기록[古記]에 이렇게 전한다.

『전한서(前漢書)』에 기원전 58년 4월 8일 하늘의 임금이 다섯 마리의 용이 끄는 수레를 타고 흘승골성(訖升骨城)에 내려와서 도읍을 정하고 임금이라 일컬었으며 나라 이름을 북부여(北扶餘)라 하였다. 자칭 해모수(解慕漱)라 불렀는데, 아들을 낳아 부루(扶婁)라 이름 붙이고 해(解)를 성씨로 삼았다. 임금은 나중에 하늘의 임금의 명령에 따라 동부여로 도읍을 옮겼고, 동명 임금[東明帝]이 북부여를 계승하여 일어나 졸본 고을[卒本州]에 도읍을 세우고는 졸본부여를 만들었으니 곧 고구려의 시조이다.

고구려의 건국 신화에서 해모수는 부여의 임금인 해부루가 동부여로 옮겨가자 그곳에 도읍을 정해 나라를 세운 하늘의 임금의 아들(天帝子)로 등장하여 건국 시조 주몽의 어머니 유화와 사랑을 나누었던 것으로 나온다. 그런데 그런 해모수와 부여의 임금인 해부루는 아무런 관계가 없는 것으로 서술되어 있고, 이후의 역사에서 고구려와 관계를 맺은 부여는 그런 해부루의 자손들이 다스리던 동부여였다. 따라서 해모수는 고구려의 건국 신화에서 갑자기 등장했다가 갑자기 사라진 존재였을 뿐인데, 『삼국유사』에 기록된 북부여의 건국 신화에서는 건국 시조로 등장한다.

그런데 해모수는 하늘의 아들(天帝子 또는 天子)이 아니고 다섯 마리의 용이 끄는 수레를 타고 홀승골성에 내려와 북부여를 건국한 하늘의 임금으로 서술되어 있다. 신라 · 고구려 · 백제 · 가야 모두 건국 시조가 하늘의 아들이거나 자손이었다는 점에 비추어볼 때 북부여의 건국 시조 해모수가 땅을 다스리기 위해 직접 내려온 하늘의 임금으로 서술되고 있는 점은 독특하다.

어쨌든 북부여의 건국 신화는 하늘의 임금 해모수가 직접 내려와 부여를 건국하여 다스린 하늘의 나라임을 분명하게 선언하고 있다. 그리고 해모수의 아들이 해부루이기 때문에 해부루 또한 하늘의 아들이 되는 것이며, 해부루와 그의 자손들이 다스리던 동부여 또한 하늘의 나라가 된다.

고구려인들이 바꾸어놓은 북부여의 건국 신화

북부여의 건국 신화 끝에는 동명 임금이 북부여를 계승하여 졸본부여를 세우고 고구려의 시조가 되었다고 기록되어 있다. 여기서 고구려의 건국 신화에서 해모수가 갑자기 등장했다가 갑자기 사라진 존재로 서술된 이유를 알 수 있겠다.

고구려인들은 하늘의 임금 해모수가 건국한 북부여를 계승한 것은 동부여가 아니라 고구려라고 생각했다. 그래서 고구려의 건국 신화에서는 북부여를 건국한 하늘의 임금 해모수와 북부여의 임금으로 있다가 동부여로 옮겨간 해부루의 관계를 완전히 단절시키고 싶었다. 그래서 해모수와 해부루가 아버지와 아들의 관계라는 것을 의도적으로 왜곡하였다. 이를 위해 고구려의 건국 신화에서는 전체적인 맥락에 맞지 않음에도 해부루가 북부여에서 동부여로 옮겨가자 '옛 도읍지에는 어디서 왔는지 알 수 없으나 스스로 하늘의 임금의 아들 해모수라고 칭하며 와서 도읍으로 삼은 사람이 있었다'는 문구를 뜬금없이 삽입시켰다.

그렇다고 동명이 해모수의 아들이라고 설정하지도 않았다. 해모수와 동명의 어머니 유화가 사랑을 나눈 결과 동명을 임신했다고 하지 않고, 동부여의 임금 금와가 이상하게 여겨서 유화를 방 안에 가두었더니 '유화는 해가 비추어 몸을 끌어당기자 그것을 피하였으나 햇빛이 또 따라와 그를 비추어 임신하였다' 고 서술하였다.

해모수의 아들은 해부루이고 해부루의 아들이 금와이며 유화와 금와는 동시대의 사람이다. 따라서 유화가 할아버지뻘인 해모수와 사랑을 나누어 동명을 낳았다고 하면 쉽게 받아들여지기 어려웠을 것이다. 그래서 해모수와 해부루를 동시대의 사람으로 설정하여 시간 거리를 좁혀 놓고는 유화가 하늘의 임금의 아들(天帝子) 해모수와 사랑을 나누었다고 서술하여 고구려가 북부여를 계승했다는 뉘앙스를 은근슬쩍 풍기고 있다. 그리고 동명의 어머니 유화와 사랑을 나눈 해모수는 어디론가 사라져서 돌아오지 않았다고 하여 누구도 그것의 사실 관계를 확인할 수 없게 만들었다. 그런 과정에서 하늘의 임금 해모수가 건국하고 그 아들 해부루가 이어받은 하늘의 나라 부여는 사라질 수밖에 없었다.

동부여의 임금 금와도
하늘의 아들이었다

일연 스님의 『삼국유사』는 북부여에 이어 동부여의 이야기도 실었다.

북부여의 임금 해부루의 재상인 아란불(阿蘭弗)의 꿈에 하늘의 임금이 내려와서 이르러 말하였다. "장차 나의 자손이 이곳에 나라를 세우도록 할 것이니, 너희는 이곳을 피하라. 동쪽 바다의 물가에 가섭원(迦葉原)이라 부르는 땅이 있는데, 토양이 기름지고 오곡에 알맞으니 도읍으로 삼을 만하다." 아란불이 임금에게 권하여 도읍을 그곳으로 옮기도록 하고 나라 이름을 동부여(東扶餘)라고 하였다.

이 이야기는 『삼국사기』의 「고구려본기」가 전하는 고구려의 건국 신화에 있던 것을 그대로 옮겨놓은 것이다. 뒤이어 동부여의 이야기가 이렇게 계속된다.

해부루가 늙도록 아들이 없자 산천에 제사를 지내어 대를 이을 자식을 구했다. 그가 탄 말이 곤못에 이르렀는데, 마주 보며 눈물을 흘리는 큰 돌이 보였다. 임금이 그것을 괴상하게 여겨서 사람을 시켜 그 돌을 옮기니 어린아이가 있었는데 금빛 개구리의 모습이었다. 임금이 기뻐서 말하였다. "이는 곧 하늘이 나에게 후사를 이을 자식을 준 것이다." 곧 아이를 거두어 기르고는 이름을 금와라고 하였고, 장성하자 세워서 태자로 삼았다. 부루가 죽자 금와가 왕위를 이어 임금이 되었다. 다음에 왕위를 태자 대소에게 전하였으나, 서기 22년 고구려의 임금 무휼(無恤)이 그 나라를 정벌하고 임금 대소를 죽이니 나라가 없어졌다.

해부루에 이어 금와가 동부여의 임금이 된 이야기 또한 고구려의 건국 신화에 있던 것을 그대로 옮겨놓은 것이다. 다만 고구려의 건국 신화에서는 해부루가 하늘의 임금 해모수의 아들이라는 것이 앞쪽에 들어가 있지 않았고, 뒤쪽에 금와의 친자식과 신하들이 고구려의 건국 시조 주몽을 핍박하는 이야기가 전개되어 금빛 개구리의 모습으로 태어난 금와 또한 하늘의 아들 또는 자손이라는 의미로 확 다가오지 않게 만들었다. 하지만 북부여의 건국 신화와 연결시키면 금와 임금이 하늘의 아들 또는 자손이라는 의미가 금방 다가올 수 있다.

해부루 임금은 늙을 때까지 무지 노력했지만 자신의 혈통을 이어줄 아들을 얻지 못했다. 그래서 어쩔 수 없이 친아들이 아닌 자를 태자로 세워 다음 임금의 자리에 앉혀야 했는데, 이때 문제가 하나 발생할 수 있다. 그렇게 세워진 임금은 하늘의 아들인 해부루 임금과 직접적인 혈통 관계에 있지 않기 때문에 늘 정통성의 시비에 휘말려 스스로 임금이 되고자 하는 사람들의 끊임없는 도전을 받는 근거가 될 수 있다. 그래서 직접적인 혈통 관계가 없는 단점을 극복하기 위해 직접적인 혈통보다도 더 끈끈한 연결 관계를 만들어야 했고, 그것이 금와 임금의 출생 이야기로 나타난 것이다.

금와 임금 또한 당연히 사람 아버지와 사람 어머니 사이에 태어났을 것이다. 하지만 아들이 없는 해부루 임금에게 발탁되어, 아니면 자신의 힘으로 아들이 없는 해부루 임금을 강제하여 태자에 오르고 임금이 되는 순간 두 가지의 선택에 직면하게 된다. 해부루 임금의 혈통을 완전히 부정하고 새로운 하늘의 아들로서 새로운 왕조를 열든지, 아니면 해부루 임금의 혈통과 직접 연결되지는 않더라도 어떻게든 연결시켜 그 정통성만은 그대로 이어받든지 말이다. 금와 임금은 뒤의 것을 선택했다. 그러고는 실제로 있었을 사람 아버지와 사람 어머니를 완전히 부정하고 하늘의 아들로 이 땅에 태어나 하늘의 자손 해부루 임금에게 자연스럽게 선택되어 태자의 지위에 오르는 이야기를 만들어 건국 신화 속에 끼워 넣었다.

금와 임금은 생김새가 개구리처럼 우락부락했던 것 같다. 그래서 그가 사람 아버지와 사람 어머니 없이 바위 밑에서 개구리 모습의 아이로 이 땅에 태어났다는 식의 이야기가 만들어진 것 같다. 다만 그냥 개구리 모습의 아이라면 하늘의 아들이라고 어필하기가 쉽지 않아, 하늘의 햇빛을 받으면 번쩍번쩍 빛나는 금빛 개구리의 모습으로 형상화시켰다.

물론 아무리 번쩍번쩍 빛나는 금빛 개구리의 모습이라고 하더라도 그가 하늘의 아들이라고 스스로 선언할 수는 없다. 예를 들어, 신라의 건국 신화 속에서 건국 시조 혁거세는 여섯 마을의 사람들이, 가야의 건국 신화 속에서 건국 시조 수로는 아홉 마을의 사람들이 하늘의 아들을 상징하는 알로 태어난 신성함에 스스로 인정하여 임금으로 떠받드는 방식의 이야기로 전개되었다. 그런데 부여의 건국 신화에서 금와 임금이 하늘의 아들임을 선언한 것은 부여의 사람들 전체가 아니라 늙어서까지 아들이 없던 해부루 임금이었다.

그러한 해부루 임금의 선언은 그가 하늘의 임금 해모수의 아들, 즉 하늘의 아들이기 때문에 부여 사람들의 인정을 받을 수 있다. 하늘의 아들 해부루가 대를 이을 자식이 없어 근심 걱정의 나날을 보낸다면 누가 해결해주겠는가. 당연히 아버지인 하늘의 임금 해모수다. 부여의 건국 신화에서는 인간 사회의 혈통으로는 직접 해부루 임금에게 연결되지 않지만 하늘 세계의 혈통으로는 직접 연결되는 금와의 탄생 과정을 설정하여 부여 임금의 자리가 해부루에게서 금와로 이어지는 정통성을 확고하게 세워주었다.

문명국가 부여의 건국 신화를
21세기의 우리도 읽을 수 있게 되다

부여는 고구려보다 먼저 건국되었고, 500년 이상 번영했던 문명국가였다. 그런 부여였기에 하늘의 임금 해모수가 건국한 하늘의 나라라는 건국 신화를 갖고 있었으며, 인간 세계의 혈통으로는 이어지지 않지만 하늘 세계의 혈통으로는 이어진다는 금와 임금의 탄생 이야기까지 만들어 건국 신화에 첨부하였다. 하지만 부여는 494년 2월에 강성했던 고구려에게 나라를 들어 항복하면서 멸망하였고, 그와 함께 하늘의 나라란 건국 신화 또한 후대에 전승되기 쉽지 않은 상황이 도래했다.

고구려와 백제는 부여로부터 갈라져 나와 건국한 나라였기에 그 건국 신화에 왜곡된 형태이기는 하지만 부여의 건국 신화 일부를 담지 않을 수 없었다. 고조선 멸망 이후 만주와 한반도의 고대 국가 세계에서 가장 먼저 건국된 부여란 나라가 가지고 있던 의미가 얼마나 컸는지 짐작할 수 있는 대목이다. 그런 부여였기에 당연히 하늘의 나라임을 상징하는 건국 신화를 만들어 대를 이어 전승하였다. 비록 신라 · 고구려 · 백제의 역사를 기록한 『삼국사기』에는 수록되지 못했지만 옛 기록[古記]으로 전해지다가 일연 스님의 『삼국유사』에 채록되어 21세기의 우리도 읽을 수 있게 된 것이다.

10

하늘의 나라
고조선의 건국 신화,
혈통을 뛰어넘다

◎

오랜 문명국 고조선과 건국 신화

우리가 일반적으로 말하는 고조선의 원래 이름은 조선(朝鮮)이었다. 고려에 이어 태조 이성계가 건국한 나라의 이름이 조선으로 정해지면서 똑같은 이름을 부를 수 없게 되어 '옛 조선'이란 뜻의 고조선(古朝鮮)이라 부르게 되었다.

고조선을 기록한 문헌은 우리나라보다 중국에 훨씬 많고 풍부하다. 그중에서 고조선이란 나라가 얼마나 오래된 문명국가였는지를 가장 분명하게 보여주는 기록이 『삼국지』「위서」 동이전의 예(濊) 부분이다. 그 시작은 예란 나라의 영토와 호수의 규모를 이렇게 간단하게 적었다.

예는 남쪽으로는 진한, 북쪽으로는 고구려·옥저와 접해 있고, 동쪽으로는 큰 바다로 막혀 있다. 지금 조선의 동쪽이 모두 그 땅이다. 호수는 2만이다.

그러고는 곧바로 고조선에 대한 이야기가 이어진다.

옛날에 이미 기자(箕子)가 조선으로 가서 여덟 개 조항의 가르

침을 만들어 그들을 교화하니 문을 닫지 않아도 백성들이 도적질을 하지 않았다. 그 후 40여 대가 지나자 조선의 제후 준(準)이 제멋대로 임금(王)이라 호칭하였다. 진승(陳勝, 미상~기원전 208년) 등이 군사를 일으켜 천하가 진나라(秦, 기원전 221~206년)에 반기를 들자 연나라(燕)·제나라(齊)·조나라(趙)의 백성 수만 명이 조선으로 피난하였다. 연나라 사람 위만이 상투를 틀고 오랑캐의 복장을 하고 돌아와서 그곳에서 임금이 되었다. 한나라의 무제가 조선을 정벌하여 멸망시키고는 그 땅을 네 개의 군으로 만들자 이후로부터 오랑캐(胡)와 한족(漢)이 점차 구별되었다.

기자는 중국 은나라(殷, 기원전 1600~1046년)가 멸망하고 주나라(周, 기원전 1046~771년)가 건국되던 시기의 실존 인물이다. 기자가 조선으로 갔다고 하니, 기자 이전에도 고조선이 있었던 것이다. 그러니 고조선이 얼마나 오래전에 건국된 나라였는지 짐작할 수 있다. 하지만 예 부분의 기록에서 기자란 인물이 등장한다는 사실보다 고조선이란 나라가 얼마나 오랜 문명국가였는지를 느끼게 해주는 대목은 '그 후 40여 대가 지나자 조선의 제후 준이 제멋대로 임금(王)이라 호칭하였다'는 문구다.

기자 이후 40여 대가 지나도록 고조선이란 나라가 존재했다는 것인데, 나라가 존재했으니 당연히 임금도 있었을 것이다.

물론 중국에서는 제후(候)로 기록했지만 중국의 주나라가 직접 임명한 것이 아니기에 임금이란 용어가 더 타당하다. 이런 고조선을 우리나라의 역사에 있었던 다른 문명국가와 간단하게나마 비교해보자.

태조 왕건이 918년에 건국한 이후 475년 동안 존재했던 고려의 임금은 34명이었고, 태조 이성계가 1392년에 건국한 이후 518년 동안 존재했던 조선의 임금은 27명이었다. 기원전 18년에 온조가 건국하여 678년 동안 존재했던 백제의 임금은 31명이었고, 기원전 37년에 주몽이 건국하여 705년 동안 존재했던 고구려의 임금은 28명이었다. 우리나라의 역사에서 가장 오랜 역사를 갖고 있다고 여겨지는 천년 왕국 신라는 기원전 57년부터 935년까지 992년 동안 56명의 임금이 있었다.

고조선은 기원전 1046년 안팎에 살았던 기자 이전에도 존재했고, 그 후에도 40여 대가 지나도록 있었으며, 그다음으로 부(否)-준(準)-위만(衛滿)-위만아들-우거(右渠)란 임금이 기원전 108년까지 계속 이어졌다. 그렇다면 중국의 문헌 기록만으로 봐도 고조선은 최소 1,000년 이상 존속했다.

중국에서 기자가 와서 다스렸다고 하면서도 그 이전부터 부르던 조선이란 이름을 바꾸지 않았다. 그리고 연나라의 유민 위만이 준왕을 몰아내고 새 임금이 되었음에도 나라의 이름을 새롭게 만들지 않고 조선이란 이름을 계속 썼다. 게다가 고대의 거대 제국 한나라(漢, 기원전 206년~기원후 220년)가 고조선을 멸망시키기 위해 동원한 군대가 5만 7천여 명이나 되었으며, 그런 대군으로도 고조선의 항복을 받아내기까지 1년이나 걸렸다.

이런 사실들을 종합해볼 때 고조선은 기자, 위만 등의 외래 세력이 들어와 새로운 혈통의 임금이 되었더라도 국가의 이름을 바꿀 수 없을 정도로 탄탄한 정통성을 갖고 있는 오랜 문명 국가였다. 그렇기에 고조선 사람들이 자신의 나라가 사람의 나라가 아니라 하늘의 나라임을 보여주는 건국 신화를 당연히 만들어 믿고 있었을 것임을 누구나 쉽게 상상할 수 있다.

하지만 고조선에 당연히 있었을 건국 신화가 고조선에 대한 기록을 풍부하게 전하는 중국의 역사서에서는 찾아볼 수 없다. 은나라가 멸망하고 주나라가 건국되는 시기의 인물인 기자가 조선으로 건너가 교화시켜 나라다운 나라가 되었다고 보고 싶은 중국 문헌의 관점에서라면 굳이 고조선의 건국 신화를 기록해주어야 할 필요성을 느끼지 못했을 것이다. 게다가 한나라가 고조선을 멸망시키고 설치한 네 개의 군(郡) 중에서 마지막까지 살아남았던 낙랑군(樂浪郡, 기원전 108년~기원후 303년) 또한 400년 이상 존속했으니, 그들이 대군을 동원하여 멸망시킨 고조선의 건국 신화를 후대에 전하고자 노력할 이유도 없다.

따라서 중국의 문헌 속에서 고조선의 건국 신화가 발견되지 않는 것은 충분히 이해할 수 있다. 그러니 우리나라의 역사서에서 기록해 주지 않았다면 고조선의 건국 신화는 영원히 역사의 깊은 바닷속에 잠기고 말았을 것이다. 아주 다행스럽게도 일연 스님은 당시까지 전해지던 고조선 건국 신화의 기록을 『삼국유사』에 채록하여 21세기의 우리에게까지 전해주고 있다.

하늘의 아들, 태백산 정상에 내려와 신의 도시를 만들다

일연 스님의 『삼국유사』는 고조선의 건국 신화를 중국의 문헌인 『위서』의 기록으로부터 시작한다.

『위서』에 이렇게 나온다. 지금으로부터 2천여 년 전 단군왕검(檀君王儉)이 있었다. 아사달에 도읍을 세우고 나라를 열어 조선이라 불렀는데, 중국 전설상의 요(堯) 임금과 같은 시대였다.

『위서』는 중국의 남북조시대 북제(北齊, 550~577)의 위수(魏收)라는 사람이 북위(北魏, 386~534)의 역사를 서술한 역사서다. 일연 스님이 보았다는 『위서』의 고조선에 대한 기록은 2천여 년

부여천진전단군화상(출처: 국가문화유산포털)

전 단군왕검이 고조선을 세우고 아사달에 도읍했다는 것, 고조선의 건국 시기는 그가 살던 시대 또는 북위가 존재했던 시대로부터 2천여 년 전인 요임금 시대였다는 것 두 가지를 알려주고 있다. 하지만 『위서』의 기록만으로는 그것을 건국 신화라 볼 수 없다. 단지 건국자, 건국 시기, 나라 이름, 수도 등을 알려주고 있을 뿐이다.

일연 스님은 『위서』의 기록을 짧게 인용한 다음 자신이 보았던 우리나라 옛 기록[古記]의 고조선 건국 신화를 서술해 간다.

옛 기록에는 이렇게 나온다. 옛날에 하늘의 임금[帝釋] 환인(桓因)의 서자 환웅(桓雄)이 땅의 세계[天下]에 자주 뜻을 두어 인간 세상을 탐내어 구하고자 하였다. 아버지가 아들의 뜻을 알고 삼위태백(三危太白)이란 지역을 내려다보니 인간을 널리 이롭게 할 만한지라, 이에 하늘의 임금의 명령을 받아 수행하고 있음을 인증하는 부인[天符印] 세 개를 주며 가서 그곳을 다스리게 하였다. 환웅이 무리 3,000을 거느리고 태백산 정상에 있는 신의 제단 나무[神壇樹] 아래에 내려와 신의 도시[神市]라 부르고, 이에 환웅천왕(桓雄天王)이라고 하였다.

고조선의 건국 신화는 하늘의 아들이 땅의 세계로 내려오는 과정이 자세하다. 이것은 신라 · 가야 · 고구려 · 백제 · 부여의 건국 신화에서는 볼 수 없는 독특한 이야기 구조다. 하늘의 임

참성단. 강화도 마니산 정상에 있는 제단. 단군이 천제를 올렸던 곳이라 전해진다.(출처: 국가문화유산포털)

금 환인이 땅의 세계에 관심을 갖고 있는 아들 환웅의 뜻을 이해하고는 인간을 널리 이롭게 할 수 있도록 다스려보라고 내려보낸다. 그것도 그냥 내려보낸 것이 아니라 혹시라도 의심을 받을까 걱정되어 하늘의 임금의 명령을 받아 임무를 수행하고 있음을 인증하는 부절과 인장[天符印]을 세 개씩이나 주면서 말이다.

부절(符節)은 돌이나 대나무 또는 옥(玉)을 둘로 쪼갠 후 하나는 임금이나 중앙 관리가 갖고 있고 다른 하나는 파견되는 지방관이나 사신이 갖고 있다가 진짜인지 아닌지 확인하려 할 때 서로 붙여보는 것을 가리킨다. 인장(印章)은 임금이나 중앙 관리가 지방관이나 사신을 파견할 때 찍는 확인 도장이다. 그런데 그 앞에 하늘[天]이라는 글자가 적혀 있으니, 하늘의 임금이 보장한다는 뜻이다.

게다가 아들 혼자만 내려보낸 것도 아니다. 하늘의 관리 또는 군사였을 무리를 3,000이나 거느리고 가게 하여 땅의 세계를 다스리는 데 필요한 충분한 인력까지 제공하는 배려도 해주었다. 이것은 한편으로 땅의 세계에 있는 인간을 아직은 관리로까지 등용하지는 않겠다는 것이니, 환웅이 하늘의 아들로서 하늘의 사람들만 데리고 인간의 세상을 다스리겠다는 뜻이다.

하늘의 임금의 아들 환웅이 하늘로부터 내려온 첫 번째 땅의 세계는 태백산 정상이었다. 왜 하필 태백산 정상인가. 이유는 간단하다. 땅 위에서 높은 산은 하늘과 연결될 수 있는 존재이고, 그래서 환웅이 내려온 태백산 정상은 하늘과 맞닿아 연결되는 유일한 통로이자 신성한 공간인 하늘산의 정상인 것이다. 그러한 하늘산인 태백산의 정상에 높고 크며 사방으로 풍성하게 뻗은 가지에 엄청난 생명력을 자랑하는 나뭇잎이 가득한 거목(巨木)이 있다면 어떤 느낌이겠는가.

하늘의 임금의 아들 환웅이 내려온 태백산 정상에는 누구든 보자마자 무릎을 꿇으며 그 신성함에 존경과 복종을 표현할 수밖에 없는 거대한 나무가 있었다. 그리고 그 나무를 가리켜 하늘의 신에게 제사 지내는 제단 나무[神壇樹]라고 하였다. 하늘의 아들이 땅의 세계를 다스리고자 내려온 곳을 이보다 더 신성하게 묘사하기는 쉽지 않다.

하늘의 임금의 아들 환웅은 태백산 정상에 내려와 본격적으로 인간의 세상을 다스리고자 준비하였는데, 그 시작은 인간의 세상을 다스릴 거점 도시를 건설하는 것이었다. 고조선의 건국신화에서는 그렇게 건설된 도시의 이름을 신의 도시라고 서술하였다. 신의 도시, 이름이 참 멋지고 신성하다. 그 도시에서 세상을 다스리는 환웅은 이제 단순히 하늘의 아들이 아니라 하늘의 아들로서 인간의 세상을 다스리는 임금이다. 그래서 그의 이름은 하늘의 아들이었을 때의 환웅에 하늘이 세상을 다스리라고 보낸 임금이란 뜻의 천왕(天王)이 결합되어 환웅천왕이 되었다.

환웅천왕, 신으로서 인간 세상의 모든 것을 다스리며 교화하다

그러면 신의 도시를 만들어 만반의 준비를 끝낸 환웅천왕은 인간의 세상을 어떻게 다스렸을까. 고조선의 건국 신화는 그 내용을 짤막한 문구로 이렇게만 적어놓았다.

바람의 신[風伯], 비의 신[雨師], 구름의 신[雲師]을 거느리고 곡식[穀] · 수명[命] · 병[病] · 형벌[刑] · 선악(善惡) 등 무릇 인간의 360여 가지의 일을 주관하며 세상에서 다스리고 교화하였다.

아주 짤막한 문구지만 그 안에 담긴 내용은 인간이 건설한 전통 문명의 진수를 다 담고 있다. 근대 문명은 시커먼 연기를 뿜어내며 좁은 공간에서 엄청난 양의 상품을 만들어내는 공장의 굴뚝으로 상징되는 산업 혁명의 결과물이다. 반면에 근대 문명

이전의 전통 문명은 불어오는 바람에 휘이익 넘실되는 곡식으로 가득한 드넓은 농경지로 상징되는 농업 혁명의 산물이다. 그래서 전통 시대 세계 어느 지역의 문명이든 그 번영의 정도를 결정하는 것은 농업의 풍흉이었고, 그 농업의 풍흉을 결정하는 자연의 요소는 당연히 신(神)으로 받들어졌다.

고조선이 어디에서 건국되었고, 어느 지역을 다스렸는지 연구자마다 주장이 제각각인 듯하다. 다만 아무리 넓게 잡아도 그 범위는 중국의 동북부와 만주, 한반도의 북부를 넘어서지는 않는 것 같다. 어느 곳이었든 이들 지역에서 농업의 풍흉을 결정하는 것은 하늘에서 내리는 비다. 그리고 그 비를 내리게 해주는 것은 구름이며, 그 구름을 몰고 오는 것은 바람이다. 그러니 고조선에서 비와 구름과 바람은 하늘 다음의 신으로 받들어질 충분한 자격을 갖고 있는 자연이다.

환웅천왕이 세상을 다스리기 위해 거느렸던 세 신하가 바람의 신, 비의 신, 구름의 신이었다는 고조선 건국 신화의 설정은 농업을 기초로 번영했던 고조선 문명의 모습을 너무나 잘 반영하고 있다.

고조선 문명 속에 살았던 사람들에게 농업의 풍흉 다음으로 중요했던 것은 무엇일까. 고조선의 건국 신화는 그것을 '곡식 · 수명 · 병 · 형벌 · 선악 등 무릇 인간의 360여 가지의 일을 주관하며 세상에서 다스리고 교화하였다'는 문구로 정리하고 있다. 인간의 360여 가지의 일이라는 언급은 생로병사(生老病死)를 포함하여 인간과 관련된 거의 모든 것을 관장했다는 의미로 환웅천왕이 인간이 아니라 하늘의 아들, 즉 신이었기 때문에 가능한 것이다. 그리고 그 360여 가지 중에서도 중요한 것 몇 개를 앞쪽에 제시했다.

첫 번째가 인간의 삶이 유지되기 위해 꼭 필요한 식량인 곡식이었다. 고대나 지금이나 인간 대부분은 오래 살고 싶은 욕망을 갖고 있는데, 그래서 수명이 두 번째로 언급되었다. 세 번째는 오래 살기 위해서는 꼭 넘어서야 하는 장벽인 병이다. 네 번째는 문명국가가 질서 있게 유지되기 위해 필요한 법적 형벌이었고, 다섯 번째는 사회적 윤리인 선악이었다.

첫 번째부터 세 번째까지는 원시사회부터 현대까지 시간을 초월하는 인간의 보편적 욕망이었고, 네 번째와 다섯 번째는 원시사회에서는 나타나지 않다가 전통 문명의 국가에서 등장한 정치 질서와 사회 윤리였다.

경쟁을 뚫고
하늘의 선택을 받다

환웅천왕은 인간 세상을 다스렸지만 고조선의 건국 신화는 그를 건국 시조로 서술하고 있지 않다. 그 이유는 고조선의 건국 신화에서 환웅천왕은 인간이 아니라 아직도 신의 모습을 한 임금으로서 인간 세상을 다스렸기 때문이다. 따라서 다음 단계로 하늘의 아들이자 신인 환웅천왕을 아버지로 삼은 사람 모습의 아들이 태어나 고조선을 건국한다는 줄거리가 이어질 것임을 짐작할 수 있다. 그런데 고조선의 건국 신화는 그 사이에 하나의 이야기를 더 만들어 넣었다. 너무 유명하여 우리나라 사람이라면 거의 다 아는 곰과 호랑이의 이야기가 그것이다.

그때 같은 굴에 살고 있는 곰 한 마리와 호랑이 한 마리가 있었는데, 항상 신 환웅에게 기도하면서 변하여 사람이 되기를 원했다. 이에 신은 신령스러운 쑥 한 심지와 마늘 스무 개를 주면서 말하였다. "너희들이 이것을 먹고 백 일 동안 햇빛을 보지 않으면 곧 사람의 모습을 얻을 것이다." 곰과 호랑이는 그것을 받아서 먹었는데, 햇빛을 피한 지 21일 만에 곰은 여자의 몸을 얻었고, 호랑이는 햇빛을 피할 수 없어서 사람의 몸을 얻지 못했다.

곰과 호랑이는 사람이 되고 싶어 했는데, 그중에서 환웅의 시험을 통과한 곰만 여자의 몸을 얻었다. 전통 시대 세계의 어느 문명권이든 남자가 하늘이고 여자가 땅이라는 식의 남녀차별을 일반적으로 시행하고 있었다. 그래서 당연히 여자의 몸보다는 남자의 몸을 얻는 것이 더 좋은 것이다. 하지만 사람의 나라가 아니라 하늘의 나라임을 만방에 보여주어야 하는 고조선의 건국 신화에서 아버지는 이미 하늘의 임금의 아들 환웅으로 결정되었기 때문에 곰은 남자의 몸이 아니라 여자의 몸을 얻는 운명일 수밖에 없다.

여기서 눈여겨보아야 할 것이 하나 더 있다. 신라 · 가야 · 고구려 · 백제 · 부여의 건국 신화 어디에도 고조선의 건국 신화처럼 곰과 호랑이를 등장시켜 하늘의 선택을 받고자 경쟁하는 이야기 구도는 없다. 그 점에서 고조선의 건국 신화는 독특하다. 하늘에서 내려보낸 하늘의 아들이 당연하고 자연스럽게 나라를 건국한 것이 아니라 땅의 세계에서 두 세력이 하늘의 선택을 받고자 치열하게 경쟁하다가 한 세력이 하늘의 선택을 받아 나라를 건국했다고 만들고 싶었던 것이다.

신라 · 가야 · 고구려 · 백제 · 부여의 건국 신화처럼 경쟁 구도가 없는 하늘의 아들보다 고조선의 건국 신화처럼 경쟁 구도가 있는 하늘의 아들이 세상에 태어나기가 더 어려운 것이다. 그만큼 하늘의 나라 고조선의 정통성은 쉽게 깨기 어려운 탄탄한 기반을 갖고 있다. 기자, 위만 등 외래 세력이 고조선의 새로운 혈통의 임금으로 등장했음에도 불구하고 '조선'이란 나라의 이름을 바꾸지 않고 계속 썼던 이유가 그렇게 탄탄한 정통성을 뒷받침하는 고조선의 건국 신화 속에 숨어 전하고 있다고 보면 지나친 것일까.

하늘의 나라 고조선의 건국은 끝까지 어려운 과정을 거쳤다

이제 고조선의 건국 신화는 하늘의 나라 고조선을 만들어내기 위한 만반의 준비가 다 되어 있는 것처럼 보인다. 건국 시조의 아버지가 될 하늘의 아들 환웅과 어머니가 될 땅의 여인 웅녀가 모두 등장했으니 둘이 결합하여 건국 시조를 낳기만 하면 된다고 볼 수 있기 때문이다. 하지만 고조선의 건국 신화는 환웅과 웅녀가 자연스럽게 결합하여 건국 시조를 낳았다고 단순하게 서술하지 않았다. 어떠했는지 한번 보자.

웅녀(熊女)는 더불어 혼인할 사람이 없어 날마다 제단의 나무 아래서 아이를 잉태하게 해달라고 빌었다. 이에 환웅이 잠시 변하여 웅녀와 혼인하였다. 웅녀가 임신하여 아들을 낳아 이름을 단군왕검이라고 하였는데, 요임금(추정 재위: 기원전 2300년대)의 즉위 50년인 경인년이었다. 평양성(平壤城)에 도읍을 정하고는 처음으로 조선이라 칭하였다.

환웅의 어려운 시험을 통과하여 곰에서 여자로 변한 웅녀였지만 더불어 혼인할 사람이 없었다. 이것은 땅의 세계에 있는 어떤 남자도 환웅의 시험을 통과하여 여자의 몸을 얻은 웅녀와는 혼인하려 해서는 안 된다는 것을 우회적으로 표현한 것이다. 바꾸어 말하면 땅의 세계에 아무리 많은 남자가 있다고 하더라도 웅녀는 혼인을 할 수 없는 슬픈 운명의 여인이었던 것이다. 그래도 웅녀는 아이를 잉태하고 싶어서 제단의 나무 아래서 간절히 빌었고, 웅녀의 그런 정성은 하늘의 아들 환웅을 감동시켜 잠시 남자의 몸으로 변해 그녀와 혼인하게 만들었다.

여기서 중요한 사실 하나를 발견할 수 있다. 환웅은 사람이 아니라 신이었고, 그렇기 때문에 여자가 된 웅녀와 혼인하기 위해서는 사람 남자의 모습으로 잠시 변해야 했다. 그리고 웅녀에게 고조선을 건국할 아이를 잉태하게 하고는 다시 신으로 돌아갔다. 단군은 이런 과정을 거쳐 하늘의 아들 환웅과 땅의 사람

웅녀 사이에서 태어났다. 고조선의 건국 신화는 그렇게 어렵게 하늘의 자손으로 태어난 단군왕검이기에 평양성에 도읍을 정하고 고조선을 건국할 수 있었다고 말하고 싶었던 것이다. 결국 고조선은 하늘이 제시한 여러 번의 시험을 통과하여 건국한, 그래서 쉽게 바꿀 수 없는 깊고 강한 정통성을 갖고 있는 하늘의 나라였다.

혈통을 뛰어넘는 깊고 강한 문화 유전자

이제 고조선의 건국 신화 마지막 단계에 이르렀다. 어려운 과정을 거쳐 하늘의 나라로 건국된 고조선은 그다음에 어떻게 서술되었을까.

또 도읍을 백악산의 아사달로 옮겼는데, 궁홀산(弓忽山)이나 금미달(今彌達)이라고도 하였다. 1,500년 동안 나라를 다스렸으며, 주나라의 무왕 즉위년에 기자를 조선에 봉하자 단군은 곧 장당경(藏唐京)으로 옮겼고 나중에 아사달로 돌아와 숨어서 산신(山神)이 되었으니, 수명이 1,908세였다.

단군왕검이 건국한 고조선은 도읍을 평양성에서 백악산의 아사달로 옮겼고, 단군왕검은 1,500년 동안 나라를 다스렸다고 서술했다. 그런데 1,500년이란 삶의 기간은 인간의 세계에서는 불가능한 시간이다. 그럼에도 단군왕검이 1,500년이나 나라를 다스렸다는 표현은 하늘의 자손 단군왕검의 혈통이 상당히 오랫동안 고조선을 다스렸다는 의미로 읽으면 된다.

그러다가 외래 세력인 기자가 고조선에 봉해지면서 단군의 자손들은 장당경으로 옮겼다고 서술했다. 이것은 기자 세력의 힘에 밀려 단군 혈통의 임금이 쫓겨나 옮겨간 것을 상징한다. 그리고 나중에 단군이 아사달로 돌아와 숨어서 산신이 되어 1,908세까지 살았다는 것은 단군의 직접적인 혈통이 아사달로 다시 돌아와 고조선 임금의 자리에 오르지는 못했지만 기자와 그 혈통의 임금들이 고조선의 정통성을 부정하지 않고 계속 이었다는 의미로 읽힌다.

하늘의 자손 단군왕검의 정통성은 단지 직접적인 혈통에 머무르지 않고 외래 세력인 기자와 그 혈통의 임금들까지도 거부할 수 없을 정도로 깊고 강한 문화 유전자가 된 것이다. 그리고 그것은 또 다른 외래 세력인 위만이 고조선의 임금의 되었을 때도 적용되었다.

고조선의 건국 신화는 이렇게 깊고 강한 정통성을 담아내기 위해 건국 시조 단군왕검이 하늘의 자손으로 태어나는 과정을 3단계 또는 4단계를 거치도록 복잡한 구조로 만들어냈다. 이것이 바로 건국 시조가 하늘의 아들로 태어나는 과정을 1단계의 단순한 구조로 만들어낸 신라 · 가야 · 고구려 · 백제 · 부여의 건국 신화와 대비되는, 고조선의 건국 신화만이 갖고 있는 독특함이다.

하늘의 나라 신화의 나라

초판 1쇄 발행 | 2021년 9월 25일

저 자 | 이기봉
펴 낸 이 | 이연숙

펴 낸 곳 | 도서출판 덕주(德周)
출판신고 | 제2018-000137호(2018년 12월 13일)
주 소 | 서울시 종로구 인사동길 19-2(와담빌딩) 7층
전 화 | 02-733-1470
팩 스 | 02-6280-7331
전자우편 | duckjubooks@naver.com
홈페이지 | www.duckjubooks.co.kr

ISBN 979-11-963795-8-2 03910